KB155702

개정증보판 알아두면 편리한

생활법률

송병길 엮음

BG 북갤러리

개정증보판
알아두면 편리한 **생활법률**

초판 1쇄 발행일　2014년 09월 27일
초판 2쇄 발행일　2018년 01월 10일

엮은이　　송병길
펴낸이　　최길주

펴낸곳　　도서출판 BG북갤러리
등록일자　2003년 11월 5일(제318-2003-000130호)
주소　　　서울시 영등포구 국회대로72길 6, 405호(여의도동, 아크로폴리스)
전화　　　02)761-7005(代)
팩스　　　02)761-7995
홈페이지　http://www.bookgallery.co.kr
E-mail　　cgjpower@hanmail.net

ISBN 978-89-6495-073-9 03360

이 도서의 국립중앙도서관 출판시도서목록(CIP)은 e-CIP홈페이지(http://www.nl.go.kr/ecip)
와 국가자료공동목록시스템(http://www.nl.go.kr/kolisnet)에서 이용하실 수 있습니다.
(CIP제어번호 : CIP2014026587)

개정증보판을 내면서

《알아두면 편리한 생활법률》 초판이 나온 지 7년, 재판이 나온 지 3년 만에 다시 재판 발행을 하게 되었습니다.

무척 기쁘게 생각합니다.

그동안 성원해 주신 독자님들께 감사드립니다. 특히 본서를 생활법률 강의교재로 선택해주신 경주대학교에 감사드립니다.

그동안 법률 개정으로 변경된 것이 몇 가지 있어 이번에 삭제하거나 추가하였습니다.

삭제된 내용은 성범죄의 '친고죄' 부분입니다. 현행법상 가장 엄하게 처벌하고 있는 죄목이 성범죄인데 사회에 만연되어 있어서 성범죄의 처벌에 대해 상세하게 설명을 해두었습니다.

추가된 부분은 '김영란법(청탁금지법)' 입니다.

법무사를 하면서 느낀 것은 공부하면 할수록 더 어려운 게 법인 것 같습니다. 법이 만사가 아니니 서로 배려하고 이해하는 가운데 기쁨으로 가득 찬 생활이 되셨으면 합니다.

정유년의 한해가 저물어 갑니다. 독자여러분, 새 해복 많이 받으시고 소원 성취하십시오.

2017년 12월 18일
상주 법무사 사무실에서 **송병길** 올림

흔히들 법대로 못산다는 말을 자주 합니다. 이 말의 참 뜻은 무엇일까요? 법이 정해 놓은 대로 권한을 다 행사하기보다는 좀 손해 보면서 서로를 이해하며 살아가는 것이 편하다는 이야기일 것입니다. 그렇다고 무턱대고 손해만 보아서는 아니 될 것입니다. 법을 알고 난 후에 잘잘못을 따져 상대방을 이해시키고 그런 가운데 서로가 양보와 이해를 하는 것이 진정한 이웃일 것입니다.

또 "저 사람은 법 없이도 살 사람이다."라는 말을 할 때가 있습니다. 과연 그럴까요. 법 없이 살 수 있는 사람은 법이 보호해 주지 않는다면 살 수가 없을 것입니다.

우리가 자동차를 운전해서 시내를 한 바퀴 도는데 교통신호기가 없다면 어떻게 될까요. 한마디로 엉망진창이 되고 말 것입니다. 교통신호에 따라 질서 있게 차가 움직이다 보니 모두가 편안해지는 것입니다. 이와 같이 법은 우리를 편하게 해주는 것입니다. 따라서 법은 꼭 지켜야 할 우리들 서로간의 약속입니다.

이 약속이 잘 지켜져 다 같이 더불어 잘 사는 사회가 이룩되었으면 하는 바람과 법을 몰라 혹 불이익을 당하시는 분이 없었으면 하는 마음에서 이 책을 써보았습니다. 이 책을 쓰는데 대법원과 법무부에서 출간된 책자 등 여러 가지 법률서적들을 참고하였고, 필자가 법원에서 공직생활을 하면서 국민들이 알아두어야 할 부분들을 총 망라, 쉽게 이해가 되도록 정리를 해 두었으므로 편안한 마음으로 3회 독하신 후 생활을 하시다가 궁금한 분야별로 찾아서 보시면 도움이 되시리라고 믿습니다.

또 보시다가 부족한 부분이 있거나, 궁금한 것이 있을 때 문의를 해주시면 성실히 답변드리겠습니다. 아무쪼록 이 책이 독자 여러분에게 도움이 되었으면 하는 마음입니다.

또 이 책의 출간에 많은 도움을 주신 도서출판 BG북갤러리 최길주 사장님께 감사의 말씀을 드립니다.

2012년 5월
송병길 올림

차례

Part 01 총론

Part 02 민사편

Part 03 형사편

Part 04 행정편

Part
05 부동산 및 등기편

Part
06 각종 세금편

Part 07 재산상속 및 가족관계편

Part **01**

총론

법이란 무엇인가?

　법학자들은 법이란 사회규범이라고 한다. 이 사회규범이란 사람이 사회생활을 하면서 지켜야 할 규칙인데, 이 규범에는 작위적 규범과 부작위적 규범이 있다. 작위적 규범은 어떤 행위를 하라는 것이고, 부작위적 규범은 어떤 행위를 하지 말라는 것이다. 즉, 부모를 부양해야 한다는 것이 작위적 규범에 해당되고, 남의 물건을 훔치지 말라는 것이 부작위적 규범에 해당된다. 이 규범의 시발점은 도덕에서 출발한다고 보고 있는데, 이 도덕은 규범 이전에 사람 개개인의 양심에 기초를 둔 내면적인 자율성을 그 기초로 하고 있다. 도덕은 인간의 내면적 의사를 규율하는 데 반해, 법은 인간의 외면적 행위를 규율하고 있다.

　내면적 규제가 외부행위로 나타났을 때 우리는 그것을 법률적 행사라고 하고, 민사에 있어서는 의사의 결정, 형사에 있어서는 범법행위라고 이해한다. 즉, 1억 원에 집을 사겠다는 내부의사가 외부행위로 나타난 것을 민법상 계약이라고 하고 법률행위로 보는 것이다.

　남의 물건을 훔쳐야겠다는 내부의사가 행위로 나타나 남의 물건을 훔쳤을 때 절도죄의 구성요건에 해당이 되고 처벌이 되는 것이다.

법은 어떻게 만들어지나

법은 국회의원 10인 이상이나, 정부안으로 발의가 되어 국회의 의결을 거쳐 대통령이 공포함으로써 법이 만들어진다. 국회의원이 발의를 하든, 정부에서 발의를 하든 우리가 뽑은 국회의원의 의결 절차를 거쳐야 하므로 국회의원이 법을 만든다고 보면 된다. 법률 밑에는 하위법인 대통령령, 총리령, 각 부처 장관이 발령하는 부령이 있으며, 지방정부의 단체장이 발령하는 규칙과 지방의회에서 제정하는 조례가 있다.

남의 물건을 훔쳐야겠다는 내부의사가 행위로 나타나 남의 물건을 훔쳤을 때 절도죄의 구성요건에 해당이 되고 처벌이 되는 것이다.

헌법의 개정

1. 재적 의원 과반수 또는 대통령 발의

개헌을 위해서는 우선 개헌안에 대한 발의가 있어야 한다. 발의는 국회의원 재적 과반수 또는 대통령이 할 수 있다. 대통령발의시 국무회의의 심의를 거쳐야 한다.

2. 공고

대통령은 20일 이상의 기간 동안 헌법개정안을 공고해야 한다. 공고기간은 국민의 알권리를 충족하고, 헌법개정안에 대한 국민적 여론 및 합의를 구하는 기간이므로 생략할 수 없다.

3. 국회의결

국회의결은 국회 재적의원 3분의 2 이상의 찬성을 필요로 한다. 무기명 투표로 표결하며 공고를 통해 국민에게 알린 바 있으므로 수정하여 의결할 수 없다.

4. 국회 의결 후 30일 이내에 국민투표

국회의원 선거권자 과반수의 투표와 투표자 과반수의 찬성을 얻어야 한다. 선거일 현재 만 19세 이상이 국회의원 선거권을 가지고 있다.

5. 공포

국민투표로 확정된 개정안은 대통령이 즉시 공포해야 한다.

법의 선언

국회에서 만들어진 법은 사법기관인 법원에서 법관에 의해 법적인 내용이 선언되는 것이다. 분쟁이 있을 시 법관이 사법 절차에 의해 판단을 하는 것이 법의 선언이다. 따라서 법이 무엇인가는 재판권을 가지고 있는 법원에서 법관에 의해 선언된다. 민사재판에서는 피고가 원고에게 어떤 행위를 할 것을 부여하는 판결이 선고되고, 형사재판에 있어 피고인에게 생명형, 징역형, 금고형, 자격정지형, 벌금형 등이 선고된다.

법의 집행

민사재판에 대한 강제집행은 부동산에 대하여는 경매를 통해 집행이 이루어지고, 동산에 대하여는 집행관이 경매를 통해 집행하고, 각종 채권에 대한 집행은 사법보좌관이 채권의 추심 및 전부명령을 통해 이루어진다.

형사재판의 집행은, 생명형과 징역형 및 금고형은 행정부인 법무부에 의해 교도소에서 집행되고, 벌금형의 경우에는 검사의 집행명령에 의해 집행된다.

법률행위를 할 수 있는 자

법률행위를 할 수 있는 자를 인(人)이라고 하는데, 인(人)에는 자연인(自然人)과 법인(法人)이 있다.

자연인은 일반적인 사람을 말하고, 법인은 주식회사 등과 같이 관할법원 등기소에 등기를 마친 법인과 권리능력이 없는 사단이지만 일정한 법률행위를 할 수 있는 종친회 등이 있다.

자연인의 경우 성년이 되면 법률행위를 할 수가 있고, 미성년자이거나 한정치산자, 금치산자의 경우에는 법정대리인 또는 후견인을 통해 법률행위를 할 수 있다.

형사의 경우 '형사미성년자 14세 미만의 자는 벌하지 않는다.'는 규정에 의해 죄를 지었더라도 처벌을 하지 못한다. 단, 10세 이상 14세 미만의 자가 범죄행위를 한 경우 촉법소년이라고 해 보호처분을 받는다.

위헌법률심판제도

위헌법률심판은 국회가 제정한 법률이 헌법에 위배되는지 여부를 헌법재판소에서 심사하여, 그 법률이 헌법에 위반되는 것으로 인정되면 그 효력을 없애거나 그 적용을 거부하도록 하는 제도이다. 위헌제청은 법률조항이 헌법에 위배된다고 주장하는 당사자는 그 사건을 담당하는 법원으로 하여금 헌법재판소에 위헌법률심판을 해 달라고 위헌제청을 신청할 수 있고, 위헌제청을 받은 당해 법원은 위헌이라고 의심되는 타당한 이유가 있다면 위헌제청을 한다. 또 법원은 당사자의 신청이 없더라도 직권으로 위헌심판제청을 결정할 수 있다.

헌법재판소가 법률에 대한 위헌결정을 한 경우 위헌으로 결정된 법률이나 법률조항은 그 결정이 있은 날로부터 효력이 없어진다. 즉, 위헌결정은 소급효가 인정되지 않고 위헌결정이 있은 후부터 효력이 없어진다. 그러나 형벌에 관한 법률이나 법률조항에 대하여 위헌 결정을 한 경우에는 그 법률이나 법률조항은 소급하여 그 효력을 상실한다. 따라서 위헌결정된 법률에 근거하여 유죄판결을 받아 확정된 경우 재심을 청구할 수 있다.

헌법소원

헌법소원이란 헌법이 보장하는 국민의 기본권이 침해된 경우 그 기본권을 보호하는 제도로서 대한민국 국민이면 누구나 헌법소원을 청구할 수 있다. 현행 헌법재판소법상 헌법소원제도에는 공권력의 행사 또는 불행사로 인하여 헌법상 보장된 기본권을 침해받은 자가 제기하는 권리구제형 헌법소원과 법률이 헌법에 위배되는지의 여부가 재판의 전제가 되어 법원에 위헌법률심판 제청신청을 하였으나 기각된 자가 헌법재판소에 제기하는 규범통제형 헌법소원이 있다.

헌법재판 절차에서는 변호사 강제주의가 적용이 되어 변호사 없이는 재판을 할 수 없으므로 헌법소원 심판청구권자가 돈이 없는 경우 헌법소원청구서와 함께 국선변호인을 선임해 줄 것을 신청하여야 한다. 헌법소원의 심판은 일정한 기간 내에 청구를 하여야 하는데 사유가 있음을 안 날로부터 90일 이내, 소원사유가 발생한 날로부터 1년 이내에 청구하여야 한다. 다른 법률에 의하여 구제 절차를 거친 헌법소원의 심판은 그 최종 결정을 통지받은 날부터 30일 이내에 청구하여야 한다.

Part 02

민사편

민사소송의 개념

민사소송이란 양 당사자(원고와 피고)간에 분쟁이 있어 그 분쟁을 사법기관인 법원의 재판을 통해 분쟁을 해소하는 것을 말하는데, 이에는 금전관계는 물론이고, 어떤 권리에 대한 관계, 부동산에 대한 관계, 손해배상관계 등 단순명료한 관계도 있지만 상당히 복잡한 관계도 많이 있다. 산업사회를 거쳐 신용정보사회로 넘어오면서 수많은 법률적 관계가 양산이 되었고, 특히 정보산업사회를 살아가는 현대에 있어 민사소송은 날로 복잡해져 가고 있다.

민사소송의 절차

1. 어떤 권리를 주장하여 소를 제기하는 사람을 원고라 하고, 소를 제기 당하는 사람을 피고라 한다. 원고가 소장을 제출하면 소송이 시작된다. 법원은 원고가 제출한 소장에 흠결이 없으면 피고에게 소장 부본을 송달한다. 만일 흠이 발견되면 원고에게 보정시킨 후 소장 부본을 피고에게 송달한다.

2. 원고의 소장을 받아 본 피고는 30일 이내에 답변서를 제출하여야

한다. 원고의 청구를 모두 인정한다면 답변서를 제출할 필요가 없이 소송은 원고승소로 종료된다.

3. 피고가 원고의 주장을 인정하지 않는 답변서를 제출한 경우 원고는 피고의 답변서 내용에 따른 준비서면을 제출하게 되고 원고의 준비서면을 받아 본 피고도 다시 준비서면을 제출하게 된다. 이 단계를 서면공방단계라고 한다. 재판의 사실관계가, 원고가 최초로 제출하는 소장과 피고가 최초로 제출하는 답변서에 의해 어느 정도 정리가 되고 답변서를 받아본 후 그 답변서에 대응하는 원고의 준비서면, 이에 대한 피고의 준비서면으로 서로의 주장이 정리가 되므로 소장과 답변서는 법률전문가를 통해 작성, 제출하는 것이 좋다. 왜냐하면 민사소송은 당사자주의이므로 자신이 작성, 제출한 내용이 상대방에게 이익이 되는 수가 있기 때문이다.

4. 서면공방단계가 끝나면 서로 간에 증거를 신청하게 되는데, 이 증거에는 증거서류, 증인, 사실관계촉탁, 현장검증 등으로 증거조사가 이루어진다. 증거조사가 다 마쳐지면 판결 선고기일을 지정한다.

5. 재판의 선고에는 원고승소, 원고일부승소, 원고청구기각으로 선고하게 된다.

불복기간(항소, 상고)

판결, 지급명령 등 법원의 판결 및 결정에 대한 이의기간이 불복기간인데, 이는 모두 고지를 받은 날부터 2주일이다. 형사의 경우 선고가 있는 날부터 통상 1주일이다. 이 기간은 꼭 지켜야 한다. 이 기간이 지나면 불복기간이 지나 권리보호를 받을 수가 없다. 불복신청을 우편으로 하는 경우 서류가 법원에 도착한 날을 기준으로 하므로 마지막 날에 우편물이 법원에 도착되어야 한다. 우편물의 발송일자가 아닌, 우편물이 법원에 도착한 일자임을 명심해야 한다.

답변서와 준비서면

민사재판에서 당사자가 내는 서류는 소장과 답변서, 준비서면 등이 있는데, 소장은 소를 제기하는 사람이 자신의 권리를 주장하면서 처음으로 내는 서류이고, 이에 대해 피고가 소장의 내용을 반박하면서 내는 서류가 답변서이다. 답변서에는 원고의 청구가 이유 없다는 근거를 토대로 작성한다. 피고가 30일 내에 답변서를 내지 않으면 상대방의 주장을 인정한 것으로 보게 된다.

소장과 답변서를 낸 다음에 원고와 피고가 제출하는 서류는 준비서면이 된다. 준비서면은 법정에서 진술할 내용을 미리 적어서 낸 서류이고, 주장과 증거를 적어서 서로 교환을 한 후 재판에 임하는 것이 효율적이기 때문이다. 준비서면에는 공격 방어의 방법과 상대방의 공격 방어에 대한 의견을 적고 자신의 주장을 뒷받침할 증거자료를 덧붙여서 제출한다.

준비서면을 제출하면 재판에 출석하지 않더라도 법정에서 준비서면에 적힌 내용을 진술한 것과 같이 진술이 간주되는 효과가 생긴다.

계약서 작성법

우리 농촌에서는 생활이 바쁘고, 법에 대한 감각이 없어 계약서의 작성 없이 각종의 공사와 농산물의 매매계약을 구두로 하는 경우가 허다하다. 즉, 비닐하우스 설치계약, 주택개량, 축사신축, 농산물의 판매계약 등을 하면서 서로 믿는다고 계약서를 작성하지 않는 경우가 대부분이다. 어떤 계약이든 후일을 위해 계약서는 반드시 작성해야 한다. 또 계약서는 구체적으로 작성이 되어야 하며, 대충 대충 작성하면 더 많은 혼란을 가져오고 이 혼란이 법적분쟁을 야기시키게 된다.

예를 들어 오이재배를 위해 비닐하우스 공사를 계약한다면 계약의 당사자가 본인인지부터 확인을 하고, 대리인이라면 본인으로부터 위임을 받았는지 확인을 하여야 하고, 공사대금의 총액 및 지급방법, 공사기간, 파이프 등 자재의 종류, 하자보수기간 등을 상세하게 적어두어야 한다. 또 계약내용이 어렵고 복잡할 경우 전문가의 조력을 받는 것이 좋다.

차용증 작성법

1. 차용증이란

차용증은 금전이나 물건을 빌리거나, 받을 것이 있을 때, 그 증거로 작성하는 문서이다. 돈이나 물건을 빌린 사람이 갚지 않을 때 중요한 증거자료가 되는 것인데 우리들의 일상생활에서 보면 차용증의 작성을 중요시 여기지 않고 있다.

2. 차용증 작성시, 필수기재 사항

 (1) 빌려주는 사람(채권자)과 빌리는 사람(채무자)의 성명, 주민등록번호, 주소, 전화번호

 (2) 채권자가 채무자에게 빌려주는 금액(대여금액)

 (3) 대여금액에 대한 약정이자

 (4) 변제시기 및 변제할 장소

 (5) 만기일에 변제하지 않을 경우의 위약금

(6) 이자 지급 방식

3. 차용증 작성방법

차용증은 후에 문제발생시, 소송 등의 법률적인 보호를 위한 대비책이라고 할 수 있다. 따라서 기본적인 사항을 사실에 입각해 작성하는 것이 좋다.

(1) 대여금액

누가 누구에게, 즉 채권자가 채무자에게 얼마를 빌려주었는지, 금액을 정확히 적어야 한다.

(2) 채권자, 채무자, 연대보증인

채권자와 채무자가 누군인지를 밝히기 위해 이름, 주소, 주민등록 번호를 적고 서명이나 날인을 한다. 이 경우, 서명보다는 인감으로 날인하고 인감증명을 첨부하면 좋다. 만약 채무자가 후에 돈을 갚을 능력이 없을 경우를 대비해 연대보증인을 세우는 것도 좋다.

(3) 변제기일과 주의사항

돈을 빌리는 사람이나, 빌려주는 사람이나 돈을 갚기로 하는 기한이 무척 중요하다. 만일 돈을 빌리면서 변제할 기일을 약정하지 않았다면 법률상 돈을 빌려준 사람은 언제라도 반환을 요구할 수 있고, 돈을 빌린 사람은 돈을 빌려준 사람이 요구하면 언제라도 곧 빌린 돈 전액을 반환해 주어야 한다. 따라서 차용증에 변제기일을 기재해 두면 채무자, 채권자가 기일 내에 발생하는 불필요한 문제를 미연에 방지할 수 있다

차용증을 분실했을 경우

차용증 없이 돈을 빌려주었거나 차용증을 분실하였을 경우 돈을 빌려준 사실을 아는 사람이 있다면 증인으로 내세워 재판에서 이길 수 있다. 따라서 차용증을 분실하였다면 돈을 빌려준 사실을 아는 사람을 증인으로 확보해 두는 것이 좋다. 또 여러 사람이 있는 장소에서 전에 빌려간 돈이 필요하니 언제까지 꼭 돌려주었으면 한다는 뜻으로 이야기를 하면 여러 사람이 함께 들었으므로 빌린 적이 없다고 할 수가 없을 것이고 증인이 확보되어 재판시 증거자료로 활용할 수 있다. 또 휴대폰을 이용해 몇 년도 몇 월 며칠에 빌려간 1,000만 원을 갚아 달라는 취지로 이야기를 해 언제 갚아주겠다는 내용을 녹음해 두면 증거자료로 사용을 할 수가 있다. 문자를 보내 답장을 받는 방법도 좋을 것이다.

영수증 작성법

돈을 빌릴 때 작성하는 문서가 차용증이라면 돈을 갚을 때나 어떤 물건을 주고 작성하는 문서가 영수증이다. 돈을 갚을 때는 차용증을 돌려받고 차용증 이면이나 새 종이에 영수증을 꼭 받아두는 것이 좋다. 영수증에는 영수한 물건이나 돈의 금액과 영수일자, 영수인과 상대방의 성명, 주소, 주민등록번호, 전화번호를 적고 서명날인을 하여야 한다. 온라인으로 송금을 한 경우 송금내역서와 회수한 차용증을 잘 보관해 두어야 한다.

재판과 입증

재판은 어떤 주장을 하고 그 주장에 맞는 증거를 대야 하는데 어느 쪽에 입증책임이 있는가를 따져 입증책임이 있는 쪽에서 증거를 대야 한다. 예를 들어 돈을 빌려준 사실이 있는데 빌린 사람이 돈을 빌린 사실이 없다고 한다면 입증책임이 돈을 빌려준 사람에게 있다. 돈을 빌려준 사실을 입증 못하면 재판에서 지는 것이다. 그런데 돈을 빌린 사람이 돈을 갚았다고 한다면 돈을 빌린 사람 스스로 빌린 사실을 인정하는 것이 되고 갚은 사실을 입증하여야 하므로 입증책임은 돈을 갚았다고 주장하는 사람에게 있다. 만일 돈을 갚은 사실을 입증하지 못하면 재판에서 패소하고 돈을 다시 갚아야 한다.

공정증서의 작성

공증은 어떤 내용을 공증인 사무실에 가서 공증을 해둠으로써 후일 증거를 보전하고, 분쟁을 사전에 예방하는 방법이다. 금전관계를 공증해 두면 재판을 받을 필요가 없이 판결과 같은 집행권원이 생겨 채무불이행시에는 채무자의 재산에 바로 집행이 가능하다. 공증제도는 분쟁을 미리 예방한다는 차원에서 참 좋은 제도이다. 공증인은 변호사 자격이 있는 자 중에서 법무부에 허가를 얻어 공증업무를 처리하고 있다. 금전거래나 유언, 어떤 사실관계를 공증하고 있다.

연대보증

연대보증이란 주 채무자가 계약을 이행하지 않을 시 보증인이 대신 갚겠다는 내용의 계약이다. 연대보증인은 주 채무자에 대한 보충성과 검색의 항변권이 주어지지 않아, 주 채무자에게 먼저 청구 없이도 연대보증인에게 바로 청구할 수 있고, 연대보증인이 여러 명이 있을 경우 그 중 돈을 받기에 가장 좋은 한 명에게만 청구를 할 수도 있다. 따라서 연대보증을 서는 경우 주 채무자의 채무를 자신이 갚아야 할 경우도 있다는 생각으로 연대보증을 서야지 막연히 주 채무자를 도와준다는 생각으로 보증을 섰다가는 재산을 탕진하는 수가 있으므로 신중을 기해야 한다.

신원보증

신원보증이란 고용계약에서 사용자가 피용자의 잘못이 있을 시 그 책임을 묻겠다는 내용의 보증계약이다. 신원보증계약은 보증인과 사용자와의 계약으로 성립한다. 신원보증계약은 계약내용이 광범위하고 장기간에 걸치는 경우가 일반적이므로 보증시 노무자의 성실성, 노무의 내용, 보증기간 등에 유의하여야 한다. 보증내용을 보면 "위의 사람은 사상이 건전하고 품행이 단정한 자로서 귀사에 재직 중 고의 또는 과실로 인하여 귀사에 손해를 끼쳤을 때, 보증인은 이에 대한 일체의 민사상의 책임을 지겠음을 이에 보증합니다."라는 내용인데, 피보증인의 성실성 등을 감안하여 보증을 서야 한다.

그러나 젊은이들이 일자리를 찾기 위해 발버둥치는 지금, 신원보증이 없어 취업을 못하는 경우가 생기지 않도록 보증을 서 주는 것이 바람직할 것이다. 신원보증계약은 2년을 초과할 수 없고, 2년 이상 계약을 한 경우 2년으로 단축되고, 기간이 없는 신원보증계약은 계약일로부터 2년간으로 본다. 기간이 지나면 갱신할 수는 있다. 또 사용자는 피용자가 업무상 부적격이나 불성실한 행적이 있어 신원보증인이 책임을 져야 할 일이 발생되었음을 안 때와 신원보증내용과 달리 피용자의 업무가 과중되거나 업무수행의 장소가 달라져 사용자가 감독이 곤란할 때 등에 있어서는 신원보증인에게 통지를 해주어야 한다. 요즘은 신원보증계약을 보증 보험회사의 증권으로 대신하는 경우가 많이 있다.

가압류

가압류를 보전처분이라고 하는데 원칙상 집행권원이 있는 판결을 받아 확정이 되거나 판결에 가집행이 붙어 있어야 채무자의 재산을 압류할 수 있다. 그러나 판결을 받기엔 많은 시간이 소요된다. 판결을 받는 동안에 채무자가 재산을 도피시키거나 처분을 하면 채권자로서는 판결을 받아봤자 무용지물이 되고 만다. 이런 점을 보완하기 위한 제도가 가압류 제도이다. 가압류는 본안판결이 있기까지 재산을 잡아두는 것을 뜻한다. 가압류에는 동산가압류, 부동산가압류, 채권가압류가 있다.

가처분

가처분이란 가압류와 같은 보전처분인데 금전채권이 아닌 특정물에 관하여 권리를 가지고 있을 때 그 계쟁물(문제된 물건)이 처분되거나 멸실되는 것을 방지하고자 본안판결 전에 그 계쟁물의 현상을 변경하지 못하도록 하는 제도이다. 가압류는 금전채권을 대상으로 하는 데 반하여, 가처분은 금전채권이 아닌 권리에 대한 것이다. 통상 계쟁물의 처분을 금지하는 처분금지가처분과 점유이전행위를 금지하는 점유이전금지가처분이 있다.

가압류와 가처분의 불복방법

1. 제소명령신청

채권자가 가압류를 한 후 본안의 소를 제기하지 않고 있을 시 본안의 소를 제기하여 줄 것을 법원에 신청하는 것이다. 제소명령 후 채권자가 제소를 하지 않을 시 가압류 또는 가처분은 취소된다.

2. 결정취소신청

가압류나 가처분결정에 이의가 있을 경우 결정취소를 구할 수 있다.

3. 집행취소신청

집행취소신청은 가압류 또는 가처분 결정에는 문제가 없는데 가압류 또는 가처분집행 후의 사유로 인해 가압류 또는 가처분의 효력이 상실되었는데도 말소를 하지 않고 있다면 집행 취소신청을 할 수 있다.

4. 행방공탁

가압류의 청구금액을 공탁해 본안판결 때까지 가압류의 효력이 공탁금으로 이전되도록 하는 것이다.

무효와 취소

무효와 취소는 법률행위를 소멸시킨다는 점에서는 같으나, 무효는 처음부터 효과가 없는 법률행위로서 원천적 무효이고, 취소는 처음에는 효과가 있는 법률행위였으나 후에 취소가 되면 효과 없는 법률행위가 되는 것을 말한다.

무효인 법률행위는 축첩계약, 도박자금대여, 과다한 이자계약, 노예계약 등이 있고, 취소 대상인 법률행위는 사기 강박에 의한 계약, 미성년자의 부모동의 없이 한 계약 등이 있다. 사기 강박에 의한 계약이나 미성년자가 한 계약을 사기 강박을 당한 본인이나 미성년자의 법정대리인이 취소하지 않고 추인하면 효력이 있다. 미성년자와 계약을 한 상대방은 미성년자의 법정대리인에게 추인 여부를 최고할 수 있다.

각하와 기각

각하는 형식적인 사항에 흠결이 있는 경우에 하는 결정이고, 기각은 형식적인 사항에는 흠결이 없으나 내용을 따져보니 옳지 않은 경우에 하는 것을 기각이라고 한다. 즉, 원고가 청구한 소장이 인지나 주소가 잘못되어 보정명령을 하였으나 보정치 않을 경우 각하를 하고, 소장의 형식에는 잘못이 없으나 재판을 해본 결과 원고의 청구가 이유 없는 경우 원고청구를 기각하게 된다.

판결, 결정, 명령

1. 판결

재판의 최종결론이다. 판결을 하려면 법정에서 변론을 꼭 열어야 하고 서면을 통해 선고를 하여야 한다. 판결에 대한 불복 방법은 항소(고등법원), 상고(대법원)이다.

2. 결정

소송 절차와 관련된 재판, 비교적 가벼운 사항에 관한 재판은 대부분 결정으로 한다. 가압류 가처분 등이 있고, 결정에 대한 불복방법은 항고와 재항고이다.

3. 명령

재판장, 수명법관(어떤 사안에 대하여 재판장으로부터 명을 받은 판사)이 하는 재판이다. 주소보정명령, 준비명령 등이다.

수탁판사라는 제도가 있는데, 이는 다른 법원에 재판 중인 사건을 소송공조에 의해 담당하는 판사를 수탁판사(서울중앙지방법원에 재판 중인 사건의 증거조사를 대구지방법원 판사가 하는 경우)라고 한다.

소멸시효

시효란 민사소송을 제기할 수 있는데도 불구하고 일정기간 민사소송을 제기하지 않고 있는 경우 일정한 시간이 지나면 청구를 할 수 없게 하는 것을 말한다. 권리 위에 잠자는 자를 보호할 필요가 없다는 말이다.

1. 일반채권의 소멸시효기간

   (1) 일반채권의 소멸시효기간은 10년이다.

   (2) 회사의 이사 등 임원의 임금채권 및 퇴직금청구의 소멸시효는 10년이다.

2. 상사채권의 소멸시효

   (1) 상행위로 생긴 채권의 소멸시효기간은 5년이다.

   (2) 위탁매매인에 대한 이득상환청구권이나 이행담보책임 이행청구권 : 5년

   (3) 부도 약속어음을 상인인 어음소지인에게 변제하기로 한 약정에 따른 채권의 소멸시효 : 5년

   (4) 공동불법행위자의 보험자 상호간의 구상권의 소멸시효 : 5년

   (5) 예외적인 임금채권 : 5년

3. 3년의 단기소멸시효에 걸리는 채권

   (1) 이자, 부양료, 급료, 사용료, 기타 1년 이내의 기간으로 정한 금전 또는 물건의 지급을 목적으로 하는 채권

   (2) 의사, 조산사, 간호사 및 약사의 치료, 근로 및 조제에 관한 채권

   (3) 도급 받은 자, 기타 공사의 설계 또는 감독에 종사하는 자의 공사에 관한 채권

   (4) 변호사, 변리사, 공증인, 공인회계사 및 법무사에 대한 직무상 보

관한 서류의 반환을 청구하는 채권

(5) 변호사, 변리사, 공증인, 공인회계사 및 법무사의 직무에 관한 채권

(6) 생산자 및 상인이 판매한 생산물 및 상품의 대가

(7) 수공업자 및 제조업자의 업무에 관한 채권

4. 1년의 단기소멸시효에 걸리는 채권

(1) 여관, 음식점, 오락장의 숙박료, 음식료, 입장료, 소비물의 대가 및 체당금의 채권

(2) 의복, 침구, 장구 기타 동산의 사용료의 채권

(3) 노역인, 예술인의 임금 및 그에 공급한 물건의 대금채권

(4) 학생 및 수업자의 교육, 의식 및 유숙에 관한 교주, 숙주, 교사의 채권

5. 기타 소멸시효기간

(1) 채권 이외의 기타 재산권의 소멸시효기간은 20년이다.

(2) 근로자의 임금채권과 각종 재해보상청구권은 3년이다.

(3) 불법행위로 인한 손해배상채권의 시효기간은 피해자나 법정대리인이 그 손해 및 가해사실을 안 때에는 그 시효기간이 3년이나, 모르고 있는 때에는 10년이다.

(4) 퇴직금은 후불적 임금의 성질을 띤 것이므로 퇴직금 청구권은 3년의 단기소멸 시효에 걸린다.

(5) 보험금청구권은 보험사고가 발생한 때로부터 2년

(6) 부동산매수인의 소유권이전등기청구권의 소멸시효는 채권적 청구권으로 10년의 소멸시효가 걸리나 매수인이 목적 부동산을 인도받아 계속 점유하는 경우에는 그 소유권이전등기청구권의소멸시효가 진행하지 않는다.

6. 판결 등으로 확정된 채권

　　⑴ 앞서 설명한 단기 소멸시효(1년, 3년)나 5년의 시효에 해당하는 채
　　　권에 대하여 소를 제기, 판결이 확정될 때 소멸시효기간은 10년이다.

　　⑵ 채권자의 연대보증인의 연대보증채권 소멸시효기간 : 10년

소멸시효의 중단

1. 청구

청구에는 재판상의 청구와 재판 이외의 청구가 있다.

재판상의 청구에는 소의 제기, 지급명령신청, 소환 또는 임의 출석, 경매
신청, 파산 절차 참가 등이 있으며, 재판 외의 청구에는 최고가 있다. 최
고는 보통 내용증명을 우편으로 보내게 되는데, 이는 단지 6개월 동안의
한시적인 시효중단에 불과하므로 6개월 안에 재판상의 청구나 가압류,
가처분, 압류의 절차를 반드시 밟아야 한다.

2. 압류, 가압류, 가처분

이는 채권보전 및 그 권리행사를 위한 절차로서 법원에 신청함으로써
효력이 발생한다.

압류는 집행권원이 있을 때 채권 확보를 위한 행위이며, 가압류는 집행
권원이 없어도 채권의 보전을 위해 일정금액의 공탁금을 걸고 채무자에
게 사전 통보 없이 진행할 수 있다. 단, 가압류가 집행된 뒤에 3년간 본안
의 소를 제기하지 않으면 채무자가 그 소의 취소를 신청할 수 있다.

3. 승인

승인은 채무자가 채권자의 권리를 인정하는 것, 즉 시효로 이익을 받는
자가 시효로 인하여 이익을 잃을 자에게 그 권리가 존재한다는 것을 알

고 있다고 통지하는 것이며, 보통 서면으로 행하게 되는데, 이 방법이 시효중단의 방법 중에서 가장 간단하고 효율적인 방법이다.

이자의 지급, 채무의 일부 이행, 지불각서 작성

소멸시효의 정지

'소멸시효의 정지'란 소멸시효기간이 완료된 때 권리자가 권리를 행사하는데 곤란한 사정이 있는 경우 일정한 기간 동안 시효의 완성을 유예하는 것을 말한다.

1. 소멸시효 정지의 효력

시효정지 사유가 발생한 경우 시효가 진행되지 않으며, 시효정지 사유가 종료한 뒤에 일정 기간 동안 시효중단조치를 취하지 않으면 그 권리가 시효의 완성으로 소멸한다.

2. 시효정지 사유

(1) 무능력자의 법정대리인이 없는 경우, 무능력자에게 속한 권리가 시효 완성으로 소멸하기 6개월 전에 법정대리인이 없는 경우 무능력자가 능력자가 되거나 법정대리인이 취임한 때로부터 6개월이 지나야 시효가 완성된다(민소법 제179조 제1항).

(2) 무능력자가 재산관리인에 대하여 권리를 가지고 있는 경우, 무능력자의 재산을 관리하는 부모 또는 후견인에 대한 무능력자의 권리는 무능력자가 능력자가 되거나, 후임 법정대리인이 취임한 때로부터 6개월이 지나야 시효가 완성된다(민소법 제179조 제2항).

(3) 부부 사이에 권리가 있는 경우 부부 일방의 다른 쪽에 대한 권리는 혼인관계가 종료한 때로부터 6개월이 지나야 시효가 완성

된다(민소법 제180조).

(4) 상속재산의 권리에 대한 시효정지

상속재산에 관한 권리는 상속재산에 속하는 상속인의 확정, 상
속 재산관리인의 선임, 파산선고일로부터 6개월이 지나야 시효가
완된다(민소법 제181조).

(5) 천재지변으로 인한 시효의 정지

천재지변 등으로 시효가 정지한 때에는 그 사유가 종료한 때로부
터 1월이 지나야 시효가 완성된다(민소법 제182조).

제척기간

1. 의의

어떤 권리에 대하여 법률이 예정하는 존속기간이다. 법정기간의 경과로
써 당연히 권리의 소멸을 가져오는 것이다. 즉, 권리의 존속기간인 제척기
간이 만료하게 되면 그 권리는 당연히 소멸하는 것이 된다. 소멸시효와 비
슷하지만 다음의 점이 다르다.

2. 제척기간에는 시효와 같은 포기·중단·정지라는 문제가 있을 수 없다.

3. 시효의 이익은 당사자가 원용함으로써 재판에서 고려되는 것이지만,
제척기간은 당연히 효력을 발생하기 때문에 법원은 이를 기초로 재판하
지 않으면 안 된다. 그러나 어느 것이 제척기간에 해당하는가의 구별은
용이하지 않다. 민법은 제척기간에 대하여 여러 곳에 분산적으로 규정하
고 있을 뿐 체계적으로 규정한 바가 없다. 대략 법문에 '시효에 의하여'라
고 규정된 것 이외에는 제척기간으로 해석되고 있다.

4. 상속회복청구권의 제척기간

상속회복청구권은 그 침해를 안 날로부터 3년, 상속권의 침해행위가 있는 날로부터 10년 이내에 행사하여야 한다(민법 제999조). 상속회복청구권이 제척기간의 경과로 소멸하게 되면 상속인은 상속에 따라 승계한 개개의 권리의무를 총괄적으로 승계하게 된다.

5. 삼성가의 상속재산 재판

상속재산의 최대 재판이라고 하는 삼성가의 상속재산재판의 최대 쟁점은 상속회복청구권이 존속하는 제척기간이 경과했는지 여부에 있었다. 민법 제999조 2항은 상속권의 침해를 안 날로부터 3년, 상속권의 침해행위가 있은 날로부터 10년 이내에 상속회복청구권을 행사해야 한다고 규정하고 있다. 결국 원고가 제척기간이 경과하지 않았다는 것을 입증하지 못해 원고청구가 기각되었다.

취득시효

일정기간이 지나면 소유권 자체를 시효로 취득하는 것이다. 부동산은 평온, 공연하게 소유의 의사로 20년간 점유를 하였다면 등기함으로써 소유권을 취득한다. 또 등기부에 등재가 된 후 10년이 경과한 경우, 등기부 취득시효가 완성이 되어 완전하게 소유권을 취득하게 된다.

일정한 사실상태가 오랫동안 계속된 경우에 그 상태가 진실한 권리관계냐 아니냐를 따지지 않고 그 상태를 그대로 존중하여 그대로 권리관계로 인정하는 제도를 시효라 하고, 그 시효에는 취득시효와 소멸시효가 있다. 그 중 취득시효라 함은 타인의 물건일 지라도 일정기간 권리를 행사하고 있는 것 같은 외관을 계속하는 경우에 그 권리를 인정해주는 것이다.

등기부취득시효

부동산의 소유자가 아니면서 소유자로 등기된 자가 10년간 소유의 의사로 평온, 공연하게 선의이며 과실 없이 그 부동산을 계속하여 점유한 때에는 소유권을 취득한다.

내용증명

내용증명이란 발송인이 언제, 누구에게 어떤 내용의 문서를 발송했다는 사실을 공적기관인 우체국을 통해 확정해 두는 것이다.

방문 상인이나 인터넷으로 물건을 샀으나 마음에 들지 않아 철회하는 경우나 분쟁이 있을 시 상대방에 대한 통지나 계약의 해제와 해지시, 기타 서면에 의한 의사표시 및 이에 대한 증빙자료가 필요할 때 내용증명으로 의사를 전달하는 것이 좋다.

내용증명이 상대방에게 도달되었는가를 확인하고 싶을 때는 배달증명도 함께 신청을 하면 도달 여부를 신청인에게 통지해 준다. 내용증명의 원본을 분실한 경우 3년 이내에 발송한 우체국에 발송내용의 제 증명을 요청할 수도 있다.

〈내용증명 작성방법〉

1. 발신인의 주소, 성명
2. 수신인의 주소, 성명
3. 내용증명 발송 목적 또는 제목
4. 주장하는 내용의 사실 기재
   (6하 원칙에 따라 간단명료하면서도 상세하게 기술)
5. 첨부서류가 있을 경우 첨부목록기재 및 해당서류 첨부

6. 보내는 날짜와 보내는 사람의 서명, 날인

빌려준 돈을 받기 위해 폭행, 협박을 하면 처벌받는다

사채업자가 협박을 하거나, 불법적으로 채무 상환을 요구하거나, 제3자에게 채무사실을 알리거나, 신체에 위협을 주는 행위는 처벌을 받는다. 따라서 빌려준 돈을 갚아야겠지만, 형편이 좋지 않아 갚지 못하는 경우 법적인 절차가 아닌 불법적으로 폭언, 폭행을 당하거나 빚쟁이라고 소문을 내면 고소를 해 위기를 모면할 수도 있다. 채무가 있을 경우 변제에 최선을 다하여야 하나, 법 절차가 아닌 비정상적인 방법으로 채무독촉을 할 경우 경찰관서에 신고하면 권리보호를 받을 수 있다.

이자제한법

개인 간의 이자 약정은 연 25%, 금융회사나 대부업자는 연 34.9% 이상의 이자 약정은 무효이다. 여기에는 선이자, 수수료, 사례금, 연체이자 등 명칭에 관계없이 원금 외에 지급된 돈 모두가 포함된다. 특히 사채업자로부터 고이율로 돈을 빌렸다면 법정이자 이내만 지급하고 나머지는 무효이므로 지급할 의무가 없다. 지금 정부에서 서민들의 생활고를 빌미로 고리대금업자 일제 단속을 하고 있다. 만일 법정이자를 초과해 이자를 요구한다면 무효를 주장하고 괴롭힘을 당한다면 사법당국에 고발 등의 절차로 부당함으로부터 해소될 수 있다(이자 제한법 2014. 7. 15. 기준).

이자의 약정이 없는 경우

이자의 약정이 없는 경우 돈을 빌려준 경우에는 빌려준 날부터 연 5%,

상거래일 경우 연 6%의 이자를 청구할 수 있다. 법원에 소를 제기해 소장 부본이 피고에게 송달된 날부터는 법정이자인 연 20%를 청구할 수 있다. 따라서 돈을 대여할 때에는 꼭 이자 약정을 하고 차용증에 이자를 적어야 한다. 즉, 돈을 빌려주면서 약정 이자를 연 25%로 적었다면 25%의 이자를 받을 수 있다. 그러나 약정 이자를 적지 않은 경우 연 5%의 이자만 받을 수 있고, 법원에 소를 제기해 피고에게 소장부본이 도달한 다음날부터 연 20%의 이자를 받을 수 있다.

소송인지대

1. 소장에는 소송목적 가액에 따라 아래 금액 상당의 인지를 첨부하여야 한다.

인지액 계산법 소송목적의 값 청구금액 인지액 계산법

1,000만 원 미만의 값 × 1,000분의 5 = 인지액

1,000만 원 이상~1억 원 미만 소송목적의 값 × 1,000분의 4.5 + 5,000원 = 인지액

1억 원 이상~10억 원 미만 소송 목적의 값 × 1,000분의 4 + 55,000원 = 인지액

10억 원 이상 소송목적의 값 × 1,000분의 3.5 + 555,000원 = 인지액

※ 유의사항

산출된 인지액이 1,000원 미만인 때에는 이를 1,000원으로 하고, 1,000원 이상인 경우 100원 미만의 단수가 있는 때에는 그 단수는 계산하지 않는다.

2. 재산권상의 소로서 그 소송목적의 값을 산출할 수 없는 것과 비

재산권을 목적으로 하는 소송의 소송목적의 값은 2,000만 100원으로 한다. 다만 민사소송 등 인지규칙 제15조 제1항 내지 제3항(회사 등 관계소송 등) 제17조의 2(특허소송), 제18조(무체재산권에 관한 소)에 정한 소송의 소송목적의 값은 5,000만 100원으로 한다.

3. 항소장, 상고장의 인지액

항소장에는 위 규정액의 1.5배, 상고장에는 2배의 인지를 붙여야 한다.

※ 유의사항

- 소장 등에 첨부하거나 보정할 인지액이 10만 원을 초과하는 때에는 전액을 현금으로 납부하여야 한다.
- 인지액이 10만 원을 초과하지 않는 경우에도 현금으로 납부할 수 있다.
- 현금수납기관은 송달료수납은행에 납부하며 대부분 법원 구내에 위치하고 있다.
- 인지액 상당의 금액을 현금으로 납부한 후 과오납금이 있음을 발견한 때에는 수입 징수관에게 반환을 청구할 수 있다.

송달료

소장을 제출할 때에는 당사자 수에 따른 계산방식에 의한 송달료를 송달료수납은행(대부분 법원 구내 은행)에 납부하고, 그 은행으로부터 교부받은 송달료납부서를 소장에 첨부하여야 하는데, 각 사건의 송달료 계산방식은 다음과 같다.

송달료 계산법 사건 송달료 계산법(송달료 1회분 = 3,550원, 2014. 8. 1. 현재)

민사 제1심 소액사건 당사자수 × 송달료 10회분

민사 제1심 단독사건 당사자수 × 송달료 15회분

민사 제1심 합의사건 당사자수 × 송달료 15회분

민사항소사건 당사자수 × 송달료 12회분

민사 상고사건(다) 당사자수 × 송달료 8회분

민사 조정사건(머) 당사자수 × 송달료 5회분

부동산 경매사건(타경) (신청서상의 이해관계인수 + 3) × 송달료 10회분

(예시) 민사소액사건 당사자수 2명인 경우 : 2명 × 3,550원 × 10회분 = 71,000원

재판관할

1. 보통재판적 관할

보통재판적 관할은 어느 법원에서 재판을 하느냐 하는 문제이다. 보통 당사자의 주소에 의해 결정된다고 해 보통재판적이라고 한다.

소장은 피고의 주소지 관할법원에 제출하는 것이 원칙이다. 그러나 채무를 변제할 장소를 정하지 않았다면 원고의 주소지도 관할권이 있으므로 원고의 주소지 관할법원에 소장을 제출하여도 된다.

어음·수표는 지급지, 불법행위에 의한 손해배상은 불법행위를 한 곳의 관할법원에 소장을 제출할 수 있다.

부동산은 부동산 소재지의 관할법원에 소장을 제출하여야 하고, 상속에 관한 소송은 피상속인(망자) 최후 주소지 법원에도 관할권이 있다. 또 당사자 간에 분쟁발생시 어느 법원에 소송을 제기하기로 합의를 하였다면 그 법원에 관할권이 있다.

2. 사물관할

민사는 소송가액, 즉 재판청구할 금액에 따라 소액사건, 단독사건, 합의사건으로 나뉜다. 형사는 범죄의 경중에 따라 약식사건, 단독사건, 합의사건으로 나뉜다.

소액사건과 단독사건은 판사 1인이 담당하는 단독판사가 재판을 하고, 합의사건은 부장판사가 재판장이 되고, 배석판사 2명으로 구성되는 합의부에서 재판을 한다.

민사소액사건은 청구금액이 2,000만 원 미만인 경우, 민사단독사건은 청구금액이 1억 원 이하인 경우, 민사합의사건은 청구금액이 1억 원 이상인 경우이다.

형사약식사건은 검사가 벌금을 청구한 사건을 말하며, 형사합의사건은 법정형이 사형, 무기 또는 1년 이상 금고 및 징역형에 해당하는 사건(법정형이란 법에 정해진 형량)을 말한다. 그리고 형사단독사건은 합의사건을 제외한 모든 형사사건을 형사단독사건이라고 한다.

법관(판사)의 제척사유 및 기피, 회피제도

1. 법관(판사)의 제척사유

법관은 다음 경우에는 직무집행에서 제척된다.

 (1) 법관이 피해자인 때

 (2) 법관이 피고인 또는 피해자의 친족 또는 친족관계가 있었던 자인 때

 (3) 법관이 피고인 또는 피해자의 법정대리인, 후견감독인인 때

 (4) 법관이 사건에 관하여 증인, 감정인, 피해자의 대리인으로 된 때

 (5) 법관이 사건에 관하여 피고인의 대리인, 변호인, 보조인으로 된 때

(6) 법관이 사건에 관하여 검사 또는 사법경찰관의 직무를 행한 때

(7) 법관이 사건에 관하여 전심재판 또는 그 기초되는 조사, 심리에
   관여한 때

2. 검사 또는 피고인의 기피신청

법관(판사)이 제척사유에 해당되는 때와 법관이 불공평한 재판을 할
염려가 있는 때 검사 또는 피고인은 법관(판사)의 기피를 신청할 수 있다.

3. 법관(판사)의 회피

법관(판사)에게 제척사유가 있을 때 법관(판사) 스스로 그 재판에서 물
러나는 것이다.

저작권법 위반

CD를 구입해 자유로이 듣는 것은 저작권법 위반이 아니다. 그러나 그
내용을 저작권자의 동의 없이 다른 사람에게 전송하거나, 인터넷에 올려
다른 사람이 보거나 듣도록 하거나 복제하여 돌리는 것은 저작권법 위반
이 되고 형사처벌과 함께 민사책임까지도 질 수 있다.

소액사건과 이행권고결정

소액사건이란 민사소송 중에서 청구금액이 2,000만 원 미만인 사건이
다. 소액사건이 접수되면 판사는 먼저 피고에게 이행권고결정을 내리게 된
다. 이행권고결정을 받은 피고가 2주일 내에 이의를 제기하지 않을 경우
원고승소로 소송이 종결된다. 그러나 피고가 이의를 제기한 경우에는 재
판 절차로 들어가게 된다.

소액사건은 변호사가 아니라도 소송대리를 할 수 있다. 배우자나 직계

가족은 그 증명만으로 법원의 허가 없이 소송대리인이 될 수 있고, 법인이나 회사 직원의 경우 법원의 허가를 얻어 소송대리인이 될 수 있다.

가장 간편한 지급명령제도

독촉 절차라고 하는데 지급명령은 사법보좌관이 관장하는 재판사무이다.

채권자가 지급명령을 신청하면 사법보좌관은 채무자에게 지급할 것을 명령하게 되는데, 이 명령에 불복이 있으면 지급명령을 받은 날×2주일 내에 이의서를 제출하면 정식재판 절차로 가게 된다. 지급명령에 대하여 이의가 없이 확정되면 판결과 동일한 효력이 있다. 지급명령의 큰 장점은 채권자가 법원에 출석할 필요가 없고 비용이 저렴하다. 소장인지대가 일반소송의 10%이다.

조정제도

당사자 간에 법원에서 합의를 해 판결과 같은 효과를 얻는 것이 조정제도이다. 이 조정제도는 소장을 내기 전에 조정신청을 하였다가 조정이 성립되지 않을 시 재판 절차로 옮겨가는 경우가 있고, 소장을 제출해 재판을 진행하다가 판사가 조정에 회부하는 경우도 있다. 일단 조정은 여러 가지 면에서 참 좋은 제도이다.

첫째, 전부는 아니지만 원고와 피고 모두가 일부의 만족을 얻을 수 있고,

둘째, 종국적으로 소송을 종결시킨다는 점에서 법원에서도 상소심의 재판업무의 부담을 덜 수 있고,

셋째, 당사자 입장에서는 소송비용도 줄일 수 있다.

전부의 승소가 어렵다면 조정에 응하는 것이 최선의 선택이라고 생각한다. 담당판사가 직접 조정을 하기도 하고, 각 법원에 구성되어 있는 조정위원회에 회부하여 조정위원이 조정을 하도록 하기도 한다.

제소 전 화해제도

재판을 하기 전에 판사 앞에서 서로 합의를 해놓고, 만일 일방이 그 약속을 지키지 않을 경우에는 별도의 재판 절차 없이 강제집행이 가능하게 할 수 있는 제도이다. 임대차계약시 제소 전 화해제도를 많이 이용한다.

임대인의 경우, 임대차계약시 화해조항에,

'1. 임차인이 임차료를 2개월 이상 연체하는 경우에는 즉시 임대목적물을 임대인에게 명도하여야 한다.

2. 임차인이 임대목적물을 제3자에게 무단 전대하는 경우 임차인은 기한의 이익을 상실하여 즉시 임대목적물을 임대인에게 명도하여야 한다.

3. 명도될 때까지 모든 소송비용, 집행비용, 임료상당의 손해배상금은 임대보증금에서 우선 공제한다.'

라고 화해를 하였을 시 임차인이 임대차기간이 종료하였는데 명도를 불응할 시 재판 절차 없이 곧바로 집행관에게 위 화해조서 정본만 제출하면 집행관이 강제집행을 해준다. 즉, 판결문과 같은 효력이 있는 것이다.

임차인의 경우 화해조항에,

'1. 임대차기간이 만료되면 임대목적물의 명도와 동시에 임차보증금을 반환하여야 한다.'라는 조항이 삽입되면 임대차 기간이 종료되었음에도 보증금을 반환하지 않으면 즉시 임대인의 집을 강제경매 신청할 수 있다.

또한 임대차에 있어서 항상 필요비, 유익비 등의 비용부담 주체 및 부속물에 대한 다툼이 많이 발생하는데, 이러한 것도 각각 임대차관계의 특약사항을 사전에 합의하여 제소 전 화해조서를 법원에서 미리 받아놓으면 판결 절차 없이 강제집행이 가능하다.

개에게 물린 경우

애완견이 많다보니 개에게 물리는 경우가 종종 있다. 개를 묶어두지 않고 풀어둔 상태에서 사람을 물었다면 개의 관리책임이 있는 개 주인이 손해배상을 하여야 한다. 물론 이 손해배상에는 정신적 손해도 포함된다. 그러나 개를 묶어두었는데 물렸다면 한참을 따져보아야 한다. 식당 등 공공의 장소였다면 개 주인의 잘못과 물린 사람의 잘못도 경우에 따라서는 인정이 될 것이다. 그러나 가정집 안에 묶어둔 개에게 물렸다면 주인의 책임보다 물린 사람의 책임이 클 것이다.

아울러 달리는 자동차에 애완견이 뛰어 들어 즉사하였다면 이에 대한 보상관계도 애완견 관리자의 책임과 운전자의 과실 정도를 따져 보아야 한다.

아무튼 이런 사소한 문제가 발생될 시 서로 간에 합의로 좋게 종결을 짓는 것이 바람직하지 법정까지 오면 서로 간에 힘들어진다는 것을 염두에 두어야 한다.

대리운전기사의 사고책임

가끔 술을 마셔 음주운전을 피하기 위해 대리운전을 하게 되는데 사고가 났을 경우 누구의 책임인가가 문제가 된다. 일단은 차주의 책임이다. 물론 형사적인 책임이야 대리운전자가 지겠지만, 민사적인 손해배상은 차주의 책임이다. 따라서 친구나 가족에게 차를 빌려주어 운전을 한 경우에도 사고가 나면 민사적인 손해배상은 차주의 책임이다. 물론 형사적인 책임은 운전자의 책임이다.

하자(흠)가 있는 물건을 잘못 산 경우

상품을 잘못 산 경우 판매자에게 판매책임을 물을 수 있는 충분한 이유가 있다면 계약을 취소하거나 철회할 수 있다. 직장이나 가정을 방문 판매하는 상인에게 물건을 산 경우나 호객행위를 하는 상인에게 물건을 산 경우 물건이 마음에 들지 않을 시 14일 이내에 언제든지 철회할 수 있고, 철회 사유에도 아무런 제한이 없다. 그러나 소비자가 물건을 일부 사용하였거나 시간경과로 물건을 다시 팔 수 없을 경우와 물건이 파손되었거나 소비자의 책임으로 물건이 없어진 경우에는 철회를 할 수가 없다.

할부거래의 경우 계약서를 받은 날부터 7일 이내, 전자상거래 및 통신판매의 경우 계약서 또는 계약서를 볼 수 있는 문자를 받은 날부터 7일 이내에 철회할 수 있다. 철회 방법은 취소나 철회를 전화 또는 서면으로 통지를 하고 증거를 남겨두어야 한다. 가장 좋은 철회방법은 우편으로 내용증명을 보내는 것이 좋다. 만일 전화로 철회를 하였다면 문자 메시지로 보내고 메시지를 보관해 두는 것이 좋다.

하자(흠)가 있는 물건을 판 경우

농산물을 택배로 배송하였는데 하자(흠)가 있는 경우 배송시에 하자(흠)가 있다는 것을 알았든 몰랐든 배송인이 책임을 져야 한다. 다시 말해서 곶감을 배송하였는데 그 물건에 잘못이 있다면 판매자는 가격의 할인, 손해배상, 계약의 해제 등의 책임을 져야 한다. 이는 생산자의 무과실 책임이다. 그러므로 농산물을 택배로 판매할 때에는 물건에 하자가 없는 지를 잘 살펴보고 배송을 하여야 한다.

이삿짐센터의 잘못으로 피해를 입은 경우

이삿짐센터의 잘못으로 피해를 입은 경우 이삿짐 업자와 의뢰인(이삿짐 주인)이 합의하여 처리하면 된다. 그러나 합의가 되지 않을 경우 의뢰인은 이사 화물을 인도받은 날부터 30일 이내에 멸실 또는 훼손사실을 이삿짐 업자에게 통지하여야 하고, 그 기간이 지나면 소멸한다. 이삿짐센터 직원이 물건을 파손한 경우 이삿짐센터 업자에게 손해배상책임을 물을 수 있다. 특히 포장이사를 할 경우 계약서를 작성하고, 그 계약서 내용이 파손에 대한 책임이 있는 지를 살펴보고 날인을 한 후, 이사비용을 지급하도록 해야 된다.

의사의 진료의무

환자가 병원을 찾아 진료를 요청하고 의사가 진료에 응하는 것은 하나의 의료계약이다.

의료계약에 따라 의사는 환자를 치료하고 환자는 치료비를 지급해야 한다. 의사는 환자의 병에 대하여 비밀 준수의무가 있다. 또 성실히 진료를 기록할 의무와 환자의 상태를 환자에게 설명할 의무도 있다. 의사는 치료하는 과정에서 환자가 잘못될 시 의료사고에 대한 민·형사상의 책임도 부담한다.

할부거래

어떤 물건을 구입하고 대금을 2개월 이상의 기간을 걸쳐 3회 이상 나누어 내는 것을 할부거래라고 한다. 할부거래를 할 때에는 매도인과 매수인의 성명 및 주소, 목적물의 내용 및 인도시기, 현금가격 및 할부가격, 할부금액, 금액의 회수 및 시기 등을 기재한 서면으로 계약을 체결하여야 한다. 최근에는 신용카드를 이용한 할부거래를 하므로 계약서를 작성하지 않는 경우가 많다.

소비자가 할부거래를 철회하려면 철회내용을 담은 서면을 매도인에게 보내야 하는데 우체국의 내용증명을 이용하는 것이 좋다. 그러나 물건을 사용하여 가치가 감소하였거나 소비자의 책임 있는 사유로 목적물이 멸실 또는 훼손된 경우 철회권을 행사할 수 없다.

잃어버린(분실한) 신용카드를 다른 사람이 사용한 경우

신용카드를 분실하였는데 제3자가 이를 사용하였다면 그 책임이 가맹점에 있다. 신용카드 가맹점은 신용카드에 의한 거래를 할 때마다 신용카드의 서명과 매출 전표의 서명이 일치하는지 확인하여 신용카드가 본인에 의해 제대로 사용되고 있는지 확인할 의무가 있다. 카드에 적혀있는 서명을 제대로 확인하지 않았다면 가맹점의 과실이 인정되어 카드분실자에게는 책임이 없다.

명의가 도용되어 신용카드가 발급된 경우

남의 명의로 신용카드를 발급받아 사용하는 경우가 종종 있다. 남의 명의로 신용카드를 발급받아 사용된 경우 카드 발급신청서에 기재된 인적사항에 대한 사실조사 및 필적사항을 조사하면 명의도용자를 찾아 낼 수 있다.

형사책임은 별론으로 하고 사용한 카드대금을 도용자에게 청구하면 된다. 또 신용카드사와 가맹점에 본인이 사용하지 않았음을 알리고 대금 청구의 철회를 요청할 수도 있다.

신용카드를 분실하거나 도난당한 경우

신용카드를 분실하거나 도난당한 경우 즉시 카드사에 전화로 신고해야 한다. 카드사에 신고를 할 때에는 카드번호 또는 주민등록번호, 카드의 종류, 성명 등을 정확히 알려주어야 한다. 이때 신고 받은 직원의 성명을 기재해 두는 것이 좋다. 지금은 신고 즉시 신고내용이 문자로 전송이 되어 온다.

홈쇼핑으로 물건을 산 경우

전자상거래와 통신판매로 물건을 구입한 사람은 계약서를 교부받은 날 또는 물품을 받은 날부터 7일 이내에 청약을 철회할 수 있다. 또 물건의 내용이 표시된 광고 내용과 다르거나 계약내용과 다르게 이행된 경우에는 공급받은 날부터 3월 이내에, 그 사실을 안 날 또는 알 수 있었던 날부터 30일 이내에 청약을 철회할 수 있다.

홈쇼핑을 할 경우 신중을 기해야 하고 꼭 필요한 물건인가를 따져보고 구매를 하고, 충동구매를 하지 않아야 한다. 20만 원 이상의 물품을 구매할 경우 신용카드로 결제를 해 제품에 하자가 있는 경우에 항변권을 이용하여 신용카드회사에 할부금지급을 거절할 수 있도록 한다.

임대차 계약시 유의사항

귀여운 자녀들이 대도시로 공부를 하러 가면 부모로서 방을 얻어주게 되는데 방을 얻을 시 가장 먼저 확인하여야 할 것이 등기부등본의 열람이다.

저당이 많이 잡혔거나 가압류 등 법적제한이 가해져 있는 집을 얻었다가는 어렵게 마련해 준 집 보증금을 떼이고 마는 수가 있다. 셋집을 얻을 시에는 등기부에 잡힌 금액이 집값과 차이가 얼마나 나는지를 따져보고 집값의 60% 이상 잡혀있는 상태라면 집을 얻지 않는 것이 좋다. 다행히 60% 이하라면 임대차계약서를 작성하고 입주를 한 후 주민등록을 옮기고 임대차계약서를 동사무소나 법원 등기소에 가서 확정일자를 받아두어야 안전하다. 입주와 주민등록전입신고를 한 후 부동산임대차계약서에 확정일자 등, 이 세 가지를 꼭 해 두어야 한다.

임대차계약서에 들어 갈 내용으로는 목적부동산의 표시, 임대인 및 임차인의 성명, 주소, 연락처, 보증금 및 차임액수, 지불시기, 차임기간, 기타 특약사항 등이다.

주택임대차보호법

서민들은 전세보증금이 전 재산인데 자신의 잘못이 아닌 집주인의 잘못으로 경매를 통해 집주인이 집을 잃을 경우 전세보증금을 떼이고 만다. 이 같은 사회적 약자를 보호하기 위해 1981년도에 주택임대차보호법이 제정되었다.

주택임대차보호법의 적용을 받기 위해서는 건물이 주거용이어야 한다. 주거용건물인가의 판단은 임대차계약서의 내용을 기준으로 하는데 비주거용 건물을 임차하였다가 주거용으로 변경을 한 경우는 이 법의 적용 대상이 아니다. 계약 당시 주거였다면 무허가 건물이거나 미등기 건물이라도 상관이 없고, 상가와 같이 사용할 경우 상가로 사용하는 면적보다 주거용 면적이 커야 한다.

건물의 인도와 주민등록의 전입을 마친 임차인은 선순위 저당권이 없으면 대항력을 가지게 되고 확정일자를 받아두면 등기한 것과 같이 순위 보전을 받는다.

소액임차인의 최우선변제권

주택임대차보호법은 소액임차인에 대하여 다른 채권자들보다 일정금액을 우선하여 배당해 주도록 하고 있다. 소액임차인이 우선배당을 받기 위해서는 보증금액수가 주택임대차보호법이 정한 소액이어야 한다.

2010년 7월 26일 현재 서울의 경우 보증금 7,500만 원 이하인 경우 2,500만 원의 우선변제권이 있고, 대구광역시의 경우 보증금 5,500만 원 이하인 경우 1,900만 원의 우선변제권이 있고, 중소도시의 경우 보증금 4,000만 원에 1,400만 원의 우선변제권이 있다.

이전의 최우선변제권의 범위를 보면 다음과 같다.

〈우선변제권이 있는 소액보증금표〉

시기 \ 구분	서울·광역시(군 지역 제외)	기타 지역
84. 6. 14. ~ 87. 11. 30.	300만 원 이하	200만 원 이하
87. 12. 1. ~ 90. 2. 18.	500만 원 이하	400만 원 이하

90. 2. 19. ~ 95. 10. 18.	2,000만 원 이하 임차인 중 700만 원 이하	1,500만 원 이하 임차인 중 500만 원 한도
95. 10. 19. ~ 2001. 9. 14.	3,000만 원 이하 임차인 중 1,200만 원 한도	2,000만 원 이하 임차인 중 800만 원 한도
2001. 9. 15. ~ 2008. 8. 20.	⑴ 수도권 정비 계획법에 의한 수도권 중 과밀 억제권역 : 4,000만 원 이하 중, 1,600만 원 ⑵ 광역시(군 지역과 인천광역시 지역 제외) : 3,500만 원 이하 중 1,400만 원 ⑶ 그 밖의 지역 : 3,000만 원 이하 중 1,200만 원	
2008. 8. 21. ~ 2010. 7. 25.	⑴ 수도권 정비 계획법에 의한 수도권 중 과밀 억제권역 : ·6,000만 원 이하 중 2,000만 원 ⑵ 광역시(군 지역과 인천광역시 지역 제외) : 5,000만 원 이하 중 1,700만 원 ⑶ 그 밖의 지역 : 4,000만 원 이하 중 1,400만 원	
2010. 7. 26. ~ 현재	⑴ 서울의 경우 보증금 7,500만 원 이하인 경우 2,500만 원 ⑵ 대구광역시의 경우 보증금 5,500만 원 이하인 경우 1,900만 원 ⑶ 그 밖의 지역(상주시 포함) : 보증금 4,000만 원에 1,400만 원	

주택임대차계약의 갱신

임대차기간의 정함이 없거나 기간을 2년 미만으로 정한 임대차는 그 기간을 2년으로 본다. 그러나 임대차 기간을 2년 미만으로 정한 경우 임차인이 2년 미만임을 주장하여 이사를 가는 것은 아무런 문제가 없다. 단지 2년 미만으로 정한 경우 임대인은 계약기간이 2년 미만임을 이유로 명도를 구할 수는 없다.

임대인이 임대차 기간 만료 6개월 전부터 1개월 전까지 임차인에게 계약

해지의 뜻을 전하기 전에는 임대차기간이 종료하였더라도 전 임대차와 동일한 조건으로 다시 임대차한 것으로 본다. 이를 묵시적 갱신이라고 하는데, 묵시적으로 갱신이 되는 경우 임대인은 계약기간이 2년으로 의제되는 것에 절대적으로 구속된다. 그러나 임차인은 언제라도 계약을 해지할 수 있고, 이 경우 해지는 임대인이 통지를 받은 날부터 3개월이 지나면 효력이 발생된다. 주택은 상가와 달리 임차인의 계약갱신청구권이 없다.

임대차계약의 해지

주택임대차보호법은 주택의 임대차계약이 1년 미만인 경우와 주택임대차기간이 이미 지났으나 서로 묵시적으로 갱신하기로 해서 계속 임대차계약이 유지되는 경우를 기한이 없는 임대차라고 한다. 기한의 정함이 없는 임대차는 그 기간을 2년으로 본다. 임차인은 2년 미만의 기간으로 임대차 계약을 할 수 있고, 나가고 싶을 땐 나가려는 날짜보다 한 달 전에 집주인에게 그 뜻을 알리면 3개월 후에는 해지의 효력이 생기므로 바로 임대차는 종료된다. 그러나 임대기간을 확실하게 정하여 입주를 한 경우라면 임대인이든 임차인이든 계약을 임의로 해제할 수 없고, 다만 임대인과 임차인이 합의해야 계약을 해지할 수 있다.

임차권등기명령

임차권등기명령제도란 임대차기간이 종료한 후 임대보증금을 반환받지 못한 임차인을 위해 마련된 제도이다.

임차인이 임차한 주택의 경매시 제3자에게 대항력을 가지기 위해서는 기간만료 후에도 점유와 주민등록을 계속 유지해야 하기 때문에 이사를 하고 싶어도 이사를 하지 못하는 등의 문제점이 있다. 즉, 임차인이 임대차기간이 종료된 후 다른 곳으로 이사를 가야 할 형편인데 임대인이 보증금을 지급하지 않아 이사를 못가고 있는 경우, 이때 임차권등기명령을 받아 임차권등기를 해 두면 이사 후에도 대항력과 우선변제권을 유지할 수 있다.

아파트 장기수선 충당금의 부담

아파트나 공동주택을 잘 관리하려면 몇 년에 한 번은 관리를 위한 보수공사를 하여야 한다. 그런데 이 필요한 자금을 한꺼번에 마련하기는 어려우므로 관리비에서 일정금액을 충당하게 된다.

장기수선충당금은 자기 소유의 재산이 노후화되는 것을 방지하는 데 필요한 비용에 대비하기 위한 것이므로 원칙적으로 아파트의 소유자가 부담을 해야 한다. 따라서 아파트 임차인은 임대차관계가 종료하면 소유자로부터 관리비에서 납부된 장기수선충당금을 집주인으로부터 돌려받을 수 있다.

상가임대차보호법

주택임대차보호법에 상응하는 상가임대차보호법이 2002년 11월 1일부터 시행되고 있다.

상가임대차보호법의 대상은 상가건물이여야 한다. 주택임대차보호법과 차이가 나는 것은 보증금에 상한선이 있고, 확정일자를 동사무소가 아닌 관할세무서에서 받아야 한다.

상가보증금이 서울은 4억 원, 수도권과밀지역은 3억 원, 광역시 2억 4

천만 원, 그 밖의 지역은 1억 8,000만 원 이하여야 상가임대차보호법의 적용을 받을 수 있다(2014. 1. 1. 기준).

따라서 위 보증금이 위 금액을 초과할 경우 상가임대차보호법 적용 대상이 아니다.

또 이는 주택임대차보호법과 달리 월차임을 보증금에 환산 적용한다. 예를 들어 보증금 5,000만 원에 월세가 100만 원이면, 100만 원을 1분지 100으로 환산하면 1억 원이 된다. 결국 보증금이 1억 5,000만 원이 되는 것이다.

또 주택임대차보호법과 같이 상가임대차보호법도 소액보증금의 우선변제권이 있는데 상가보증금이 서울의 경우 6,500만 원 이하인 경우 2,200만 원, 수도권과밀지역의 경우 5,500만 원 이하인 경우 1,900만 원, 광역시의 경우 3,800만 원 이하인 경우 1,300만 원, 기타지역의 경우 3,000만 원 이하인 경우 1,000만 원의 우선변제권이 있다(2014. 1. 1. 기준).

상가임차인의 계약갱신요구권

법률상 상가임대차의 최단기간은 1년이고, 최장기간은 20년이다. 임차인이 거액의 시설을 투자하고 단기간에 명도당하는 불이익을 배제하기 위해 상가임차인에게 계약갱신요구권을 인정하고 있다. 임대인은 임차인의 갱신요구를 정당한 이유 없이 거절하지 못하고, 임차인의 계약갱신요구권은 최초 임대차 기간을 포함해 전체 임대차 기간이 5년을 초과하지 않는 범위 내에서 행사할 수 있다. 따라서 임차인이 재계약을 원할 경우 임대차 기간 만료 전 6개월부터 1개월 사이에 내용증명을 발송하여 임대차계약의 갱신을 요구할 수 있다. 차임 또는 보증금은 증액 또는 감액할 수 있으나 1년에 12%를 초과하여 증액할 수 없고, 보증금의 전부 또는 일부를 월 단위로 전환하는 경우에 1년에 15%를 초과할 수 없다.

임차인의 갱신요구권이 소멸되는 경우

임차인이 월세를 2회 연체할 경우 임대인은 상가임대차계약해지 사유가 되고, 월세를 3회 이상 연체할 경우 상가임대차보호법 제10조 1항이 정한 갱신요구권을 행사할 수 없다. 따라서 임대인에게 갱신요구권을 행사하기 위해서는 월세를 꼬박꼬박 지불해야 한다.

임대인과 임차인의 의무

임대인은 임차인이 임차물을 사용하는 데 지장이 없도록 해주어야 할 의무가 있다. 건물에 비가 새거나 유리창이 파손된 경우 임대인이 수리를 해주어야 한다. 그러나 임차인의 부주의로 유리창을 파손하였다면 임차인이 수리를 하여야 한다. 비가 새는 경우에 있어서는 임차인의 부주의가 아니므로 임대인이 수리를 해주어야 할 것이다. 임대인이 꼭 필요한 부분을 수리해 주지 않는 경우 임차인이 수리를 한 후 수리비를 청구하면 된다. 천재지변과 같이 불가항력적인 사유로 건물이 파손되었다면 임대인이 수리를 해주어야 한다. 같은 관점에서 옆집의 불이 옮겨 붙어 건물이 손상된 경우 임대인이 수리를 해주어야 한다.

권리금의 반환

임차한 건물을 임대인에게 반환할 때 특별한 사유가 없는 한 임대인으로부터 권리금을 반환받을 수 없다. 권리금의 형태는 일반적으로 점포의 임차인이 점포의 수리와 영업의 터전을 쌓은 고객과 신용을 바탕으로 한 재산적 가치인데, 이를 건물의 주인에게 요구할 수는 없다. 그러나 임차인이 다른 임차인에게 임차를 하고 나가면서 권리금을 약정하는 것을 건물 주인이 차단할 수는 없다.

필요비와 유익비

1. 필요비

임차인이 임차목적물의 보존에 관한 비용을 지출한 경우 임대인에게 그 상환을 청구할 수 있다. 임대인은 임차물을 임차인에게 사용수익하게 하고 그 대가로 보증금 내지 차임을 취득하기 때문에 임차인이 임차물을 사용수익하는데 장애가 없도록 해주어야 할 의무가 있다. 또 임차인이 임차물의 보존에 관한 필요비를 지출한 때에는 임대인에게 그 상환을 청구할 수 있다. 즉, 폭우로 인해 임차주택의 지붕이 파손되어 비가 샐 경우 임차인이 수리를 한 후 임대인에게 그 비용을 청구할 수 있다.

2. 유익비

필요비에 상대되는 개념으로, 물건의 개량·이용을 위하여 지출되는 비용을 말한다. 유익비라고 하기 위해서는 목적물의 객관적인 가치를 증가시키는 것이어야 한다. 즉, 상가를 임차한 임차인이 상가에 리모델링을 위해 비용을 지출한 때에도, 그것이 상가의 가치를 증가시킨 한도에서 유익비가 될 수 있다. 타인의 물건에 관하여 지출한 유익비는 그것을 지출함으로써 생긴 가액의 증가가 현존하는 경우에 한하여 상환을 청구할 수 있다.

이는 유익비를 지출하여 목적물의 가치가 증가한 때에는 부당이득이 되므로 상환케 하는 것이다. 그러나 상가임대차계약서에 임대차계약종료시 임대인은 임대보증금을 반환하고 임차인은 임차물을 원상복구해 임대인에게 반환한다고 약정이 되어 있을 시 유익비를 청구할 수 없다. 상가건물이 경매에 나올 경우 상가에 투자한 금액을 회수하지 못한 임차인이 유익비 명목으로 유치권을 행사하는 경우가 종종 있는데 법원에서 유치권이 인정되기가 어렵다.

부동산매매계약시 유의사항

부동산을 살 때에는 등기부에 의해 매도인이 소유자가 맞는지를 확인한 후 등기부에 제한등기인 가등기, 가압류, 가처분은 없는지, 저당권이 설정된 경우 금액은 얼마인지를 확인한 후 막대금이 넘어가기 전에 저당권을 말소시킨다는 특약을 매매계약서에 넣고, 저당권이 말소되지 않았을 경우 막대금을 지급하면 안 된다.

또 등기부뿐만 아니라 지적도, 토지대장, 건축물관리대장을 발급받아 보고 등기부와 일치하는 지도 짚어보아야 한다. 토지이용계획확인원을 통해 토지의 내용을 알아보는 것도 중요하다. 막대금과 부동산등기이전 서류는 동시이행관계에 있으므로 동시에 서류를 주고받아야 한다. 통상 법무사나 공인중개사를 통해서 막대금과 부동산이전등기서류가 동시에 이행되는 것이 일반적이다. 매도인과 매수인 사이에 막대금과 이전서류를 주고받는 경우에는 등기하는 데 필요한 서류가 다 있는지를 꼼꼼히 살펴야 한다.

부동산 매입시 부담하는 각종 세금

부동산 취득시에는 지방세인 취·등록세를 납부해야 하고, 부동산을 보유하면서는 재산세와 종합부동산세를 납부해야 한다. 부동산을 양도 (매매, 증여, 상속)하였을 시에는 양도소득세 또는 증여세, 상속세를 납부해야 한다(여기서는 취·등록세만 설명을 하고, 국세인 양도세, 증여세, 상속세는 세금편에서 설명).

취득세 : 부동산을 취득하였을 경우 시청, 구청, 군청에 내는 지방세로 부동산을 취득한 날로부터 30일 이내에 납부해야 한다.

등록세 : 재산의 취득, 이전, 변경 또는 소멸에 관한 사항을 등기하는 경우에 권리자에게 부과하는 지방세

인지세 : 부동산매매계약서에 첨부하는 정부수입인지로, 부동산의 금액에 따라 2만 원~35만 원까지이다.

이외에 농어촌특별세, 지방교육세, 국민주택채권의 매입 등이 있다.

부동산을 산 경우 60일 이내에 등기신청을 하여야 한다

부동산을 거래한 경우 반드시 등기를 하여야 한다. 매매의 경우 막대금을 지급한 날부터, 증여의 경우 증여계약의 효력이 발생한 날부터 60일 이내에 이전등기를 하여야 한다.

등기신청을 상당한 이유 없이 이행하지 아니한 경우, 그 부동산의 등록세액의 5배 이하의 과태료를 부과하게 된다.

과태료는 등기권리자에게 부과하는데 등기를 제때하지 못한 원인이 등기의무자에게 있을 경우 등기의무자에게 과태료를 부과한다.

불법건축물을 매수한 경우

무단 증축되거나 용도 변경되는 등 관련법령에 위반되는 건축물이 현

실적으로 적지 않다. 정도에 따라 다를 수 있지만 거액의 과징금이 부과되는 등 법위반건축물로 인한 불이익은 상당하다고 할 수 있고, 그 때문에 법위반건축물의 매매나 임대차에 있어서는 건축물대장과 현황을 잘 살피면서 해당 법 위반사항으로 인해 어떤 불이익이 발생할 수 있는지를 면밀히 검토해야 한다.

건축물대장에 기재된 사항마저도 잘 살피지 않는 등 법 위반사항에 대해 경솔하게 생각하거나, 법 위반사항을 인지하더라도 '별 문제없겠지'라는 대수롭지 않게 생각해버리는 경우도 적지 않다. 이런 현상은 부동산중개를 업으로 하는 중개업자도 마찬가지이다. 중개업자는 부동산업에 종사하는 직업인으로서 일반인에 비해 법 위반사항을 비교적 정확하게 확인할 수 있는 능력이 있지만, 이 부분을 거론할 경우 거래성사에 지장이 생길 것을 우려하여 법 위반사항을 아예 고지하지 않거나 슬쩍 넘어가는 경우가 적지 않다.

그 때문에 거래계약서나 중개물건 확인 설명서상에도 법 위반사항에 대해 아무런 언급이 없게 된다. 그 결과 향후 분쟁이 발생하면 매수인과 같이 권리를 취득한 측이 법 위반사항을 인지하고서 거래계약을 체결했는지, 인지했다면 그 정도는 어느 정도인지가 재판에서 첨예하게 대립되게 된다. 중개업자가 재판 증인으로 나오게 되더라도 진실을 이야기하기보다는 자신의 이해관계에 부합하는, 즉 자신이 책임을 지지 않는 방향으로 진술할 가능성이 높아 실체진실이 왜곡되는 경우도 적지 않다.

이런 현실 하에서, 위반건축물을 중개하는 중개업자의 엄격한 확인 설명의무를 인정하고 있는 것이 법원의 한결같은 판결내용이다. 즉, 법원 판결은 불법건축물을 알게 된 중개업자로서는 단순히 이 사실을 알리는 정도에 그칠 것이 아니라 중개하고 있는 부동산의 문제점을 적극적으로 잘 살펴, 이런 부동산을 취득할 경우 불이익 내용에 대해서도 정확히 매수인에게 알려 줄 업무상 주의의무가 있다고 판단하였다.

임금과 퇴직금의 문제

임금과 퇴직금을 받지 못하는 경우가 종종 있다. 임금과 퇴직금을 받지 못한 경우 노동청에 신고하는 방법과 형사고소를 하는 방법이 있고, 민사로 청구를 하는 방법이 있다. 먼저 노동청에 신고를 하면 형사고소와 민사소송을 함께하는 이득을 볼 수 있다. 근로감독관이 정한 임금내역은 법원 경매 절차에서는 배당에서 그대로 다 적용을 받고 있고, 임금소송에서도 결정적인 증거자료가 된다. 또 퇴직금 지급의 부담을 줄이기 위해 퇴직금을 매월 월급에 포함을 시켜 지급하는 고용주가 있는데, 이것 또한 무효로서 퇴직 후에 퇴직금을 청구하는 데 아무런 문제가 없다. 대법원의 판결내용을 보면 아래와 같다.

(대법원판례 2007도3725판결을 보면 퇴직금이란 퇴직이라는 근로관계의 종료를 요건으로 하여 비로소 발생하는 것으로, 근로계약이 존속하는 동안에는 원칙으로 퇴직금 지급의무는 발생할 여지가 없는 것이고, 노사가 매월 지급받는 임금 속에 퇴직금이란 명목으로 일정한 금원을 지급하기로 약정하고 사용자가 이를 지급하였다고 하여도 그것은 퇴직금 지급으로서의 효력이 없는 것이다.)라고 판시하였다.

또 퇴직금은 1년 이상 근무한 노동자에게 퇴직한 날로부터 14일 이내에 지급하여야 한다. 사용자가 14일 이내에 지급하지 아니한 때에는 3년 이하의 징역 또는 2,000만 원 이하의 벌금에 처하도록 되어 있다. 단, 당사자 간의 합의로 지급시기를 연장할 수는 있다.

임금을 청구할 수 있는 시효는 3년이다. 3년간 임금청구를 하지 않으면 시효로 소멸되고 만다.

개인파산

파산은 자신의 재산으로 채무를 감당할 수 없을 때 채무를 정리하고자 법원에 파산신청을 해 법원의 허가를 얻어 채무를 청산하는 제도이다.

채무의 종류로는 은행대출, 사채, 카드 빚, 물품대금 등 채무라면 거의 다 해당된다.

신청자격도 개인이라면 제한이 없고, 봉급생활자나 자영업자 모두가 포함된다.

파산신청이 들어오면 법원은 채무자의 재산과 노력으로 채무를 변제할 수 있는지를 판단하는데, 여기에는 채무자의 나이, 직업, 기술, 건강, 재산 상태 등을 종합적으로 고려하여 파산선고 여부를 결정한다.

파산선고가 난 후 면책결정을 받아야 하는데, 이 면책이 파산을 통해 변제받지 못하고 남은 채무를 면제시켜주는 제도이다.

파산선고를 받은 후 면책결정을 받으면 남아있는 채무를 갚지 않아도 된다. 단, 세금, 벌금 등의 책임은 면책결정을 받아도 여전히 남아있다.

법원은 파산선고와 동시에 면책 절차를 거치는데, 채권자들에게도 이 사실을 통지하고 한 달 정도의 이의신청 기간을 둔다.

파산선고를 받으면 공무원, 변리사, 회계사 등의 직업을 가질 수 없고 금융기관의 거래에도 제약을 받는다. 상법상으로는 합명회사, 합자회사의 사원이 될 수가 없고, 주식회사의 이사도 할 수 없다. 파산선고를 받으면 신원증명을 관장하는 시·구·읍·면에 통지를 하게 된다.

그러나 파산자가 면책결정을 받게 되면 제한되었던 법률상 신분관계가 해소된다. 하지만 공무원 신분과 금융기관에 대한 불이익은 해소되지 않는다.

개인회생

개인파산은 말 그대로 파산이다. 따라서 재생하기가 어렵다. 그런데 아직 한창 살날이 많이 남은 사람을 파산시켜 사회활동을 제한한다면 인생이 너무 초라해질 것이다. 따라서 파산 절차가 아닌 회생 절차를 두고 있다.

개인회생은 직장이 있고, 일정한 소득이 있어 빚을 갚을 의지도 있으나 감당하기엔 벅찬 채무를 진 사람들을 위한 제도이다. 5년간 원금의 일부를 갚을 경우 나머지는 법원이 면책을 해 준다.

파산과 달리 공무원 신분이 박탈되거나 세무사, 변호사, 법무사 등록이 취소되는 불이익도 없다. 개인회생을 신청하기 위해서는 계속적인 수입이 있어야 하고 담보채무액이 10억 원 이하이거나 무담보 채무액이 5억 원 이하여야 한다. 이런 조건이 갖추어졌다면, 채무자는 장래에 얻게 될 소득에서 생활비를 뺀 나머지 금액으로 변제하겠다는 계획을 법원에 밝히고 5년간 충실히 변제하면 남은 채무는 없어진다.

집행권원

집행권원이라 함은 일정한 사법상의 이행청구권의 존재 및 범위를 표시하고, 그 청구권에 집행력을 인정한 공정의 문서를 말한다. 구 민사소송법에서는 채무명의라고 하였다.

이와 같이 법원의 강제력에 의해 실현될 청구권의 존재와 범위가 표시된 공적인 문서를 집행권원이라고 하는데, 일반적으로 확정된 판결정본, 조정조서, 화해조서, 인낙조서, 집행증서, 가압류가처분명령, 확정된 화해권고결정, 소액심판법상의 확정된 이행권고결정정본, 지급명령정본, 공정증서 등을 의미한다. 이 집행권원이 있는 문서가 있어야 강제집행에 착수할 수 있다.

강제집행

집행권원을 가진 채권자는 채무자의 재산에 대해 강제집행을 할 수 있다.

1. 부동산에 대한 강제집행(부동산 경매)

부동산에 대한 강제집행은 경매신청을 하여 사법보좌관에 의해 이루어진다. 간략하게 설명을 하면 채권자가 국가의 사법권력을 이용해 채무자의 부동산을 매각해 만족을 취하는 제도이다.

2. 동산에 대한 강제집행(동산 경매)

동산에 대한 강제집행 역시 집행권원을 얻은 채권자가 채무자의 동산에 대해 경매신청을 하고 집행관이 현장에서 경매를 통해 매각대금을 채권자에게 지급되도록 해 만족을 취하는 제도이다.

3. 준부동산에 대한 강제집행(자동차, 중기 경매)

준부동산이란 토지와 건물 이외에 등록에 의해 사용되는 재산을 뜻하는데 자동차, 중기, 선박 등이다. 부동산의 절차와 동일하게 경매 절차가 이루어진다. 사법보좌관의 업무이다.

4. 채권에 대한 강제집행

채무자가 받을 채권이 있을 경우 그 채권자를 제3채무자로 해서 채권 압류 및 전부명령이나 추심명령을 하게 된다. 즉, 채무자가 회사에서 받을 임금에 대한 압류 및 전부명령을 하려면 회사가 제3채무자가 되어 압류명령을 받음과 동시에 임금을 채무자에게 지급하여서는 아니 되고 채권자에게 지급하라는 명령을 하게 된다. 이 또한 사법보좌관의 업무이다.

급여의 압류최저금액

급여에 대하여는 최저생계비 보장 차원에서 월 150만 원이 초과하는 부분에 대해서만 압류가 가능하다.

1. 급여가 150만 원 미만인 경우 압류 불가

2. 급여가 150만 원에서 300만 원까지인 경우 = 150만 원을 초과하는 부분 압류(급여가 250만 원이라면 100만 원 압류)

3. 급여가 300만 원에서 600만 원까지인 경우 = 월 지급액의 2분의 1의 금액 압류(급여가 500만 원이라면 250만 원 압류)

4. 급여가 600만 원을 초과하는 경우 = 300만 원 + 600만 원 초과 금액의 75% 압류(급여가 700만 원이라면 300만 원 + 75만 원 = 375만 원)

압류 금지물

채무자를 보호하기 위하여 법률이 일정한 물건 또는 채권에 대하여 압류를 금지하는 것을 말한다. 민사집행법 제195조는 일정한 유체동산을, 동법 246조는 일정한 채권을 압류하지 못하는 것으로 열거하고 있으나,

기타 법률에서 개별적으로 압류의 금지를 규정하는 경우도 많다.

또 법원은 일정한 요건 하에서는 재량적으로 압류금지의 범위를 확장할 수 있다.

1. 채무자와 그 동거친족을 위하여 없어서는 안 될 의복, 가구, 부엌가구 기타 생활필수품

2. 채무자와 그 동거친족에게 필요한 2개월간의 식료품과 연료 및 조명재료

3. 기술자, 직공, 노무자와 조산원의 직업상 필요한 물건 등이 그것이다.

압류금지인정의 근거는 채무자의 최저한도의 생활이나 생업의 유지를 보장하려는 사회정책적인 목적과 국가적·공익적 업무에 종사하는 자를 보호하려는 목적에서 유래된 것이다. 압류 금지물은 채무자가 파산하더라도 파산재단에 들어가지 않는다.

다음의 채권은 압류하지 못한다

1. 법령에 규정된 부양료 및 유족 부조금

2. 채무자가 구호사업이나 제3자의 도움으로 계속 받는 수입

3. 병사의 급료

4. 급료, 연금, 봉급, 상여금, 퇴직연금. 그밖에 이와 비슷한 성질을 가진 급여채권의 2분의 1에 해당하는 금액. 다만 그 금액이 국민기초생활보장법에 의한 최저생계비를 감안하여 대통령령이 정하는 금액에 미치지 못하는 경우 또는 표준적인 가구의 생계비를 감안하여 대통령령이 정하는 금액을 초과하는 경우에는 각각 당해 대통령령이 정하는 금액으로 한다.

국민기초생활보장법에 의한 최저생계비는 월 150만 원이다.

부동산의 임의경매와 강제경매

1. 임의경매는 채무자가 채권자에게 담보를 제공하고 피담보채권을 변제하지 않을 시 담보제공된 부동산을 경매로 매각해 채권자가 만족을 취하는 제도이다. 즉, 채무자는 피담보채권을 변제하지 않을 시 본인이 담보로 제공한 부동산이 경매로 넘어간다는 것을 알고 있다.

2. 강제경매는 채권자가 집행권원을 얻어 채무자의 부동산을 강제로 경매에 붙이는 것이다. 즉, 채무자가 미리 담보로 제공하지 않았는데도 집행권원(판결 등)에 의해 강제로 채무자의 부동산을 경매를 통해 매각하게 된다. 채무자는 자신의 부동산을 담보로 제공하지 않았는데도 경매로 넘어가게 된다. 이를 강제적으로 빼앗아 채권자에게 만족을 준다고 해서 강제경매라고 한다.

경매에서 권리신고와 배당요구

부동산 경매 절차에서 배당요구 기일이 있다. 이 기일을 엄수해 배당요구기일까지 일반채권자들은 모두 권리신고와 배당요구를 해야 배당을 받을 수가 있다. 이 기일을 간과한 경우 배당에서 제외된다. 즉, 채무자를 상대로 판결을 받아둔 것이 있거나 임금채권자 및 임차인은 배당요구기일까지 권리신고와 배당요구를 꼭 해야 한다.

공유자우선매수신청권

경매신청된 부동산에 공유자가 있을 경우 공유자우선매수신청을 해두면 낙찰자가 있을 시 그 낙찰가격에 공유자우선매수신청을 한 공유자에게 낙찰이 된다.

동산은 부부가 공유하게 되어 있으므로 남편이 채무자일 경우 아내가 공유자우선매수신청을 해 동산을 찾아올 수 있다. 즉, 남편 사업의 부도로 동산(가재도구)경매가 진행이 되고 있다면 동산은 부부 공유이므로 감정가의 2분의 1만 남편의 것이고, 나머지 2분의 1은 아내 것이므로 매각대금에서 2분의 1은 아내에게 지급이 된다. 그러나 아내가 공유자우선매수신청권을 행사한다면 2분의 1 가격에 아내가 가재도구를 찾아 올 수가 있다. 가재도구 감정가격이 1,000만 원이었다면, 이 1,000만 원의 절반은 아내 것이므로 결국 500만 원에 대해서만 경매로 취득하는 금액이다. 여기서 아내가 공유자우선매수신청권을 행사했는데 가재도구의 경매가 1차 유찰되고 350만 원에 제3자가 낙찰을 받았다면, 아내가 350만 원에 이 가재도구를 찾아오게 되는 것이다.

재산명시제도

집행권원을 가진 채권자에게 채무자가 변제를 임의로 이행하지 아니할 때 채권자는 집행권원이 있는 정본과 강제집행을 개시하는 데 필요한 서면을 첨부하여 법원에 채무자의 재산을 밝히라는 신청을 할 수가 있는데, 이를 재산명시제도라고 한다.

채무자는 법원의 명령을 받은 경우 법원이 정한 기일 내에 현재의 재산과 1년 이내에 이루어진 거래행위와 2년 이내에 한 재산상의 처분을 명시한 재산목록을 제출해야 함과 동시에, 그 재산목록이 진실하다는 것을 법관 앞에서 선서하여야 한다.

채무자가 정당한 이유 없이 명시기일에 불출석하거나 재산목록의 제출이나 선서를 거부한 때에는 20일 이내의 감치를 할 수 있다. 또

거짓의 재산목록을 제출한 때에는 3년 이하의 징역이나 500만 원 이하의 벌금에 처할 수 있다.

재산조회제도

채무자가 정당한 이유 없이 재산명시기일에 불출석하거나 재산명시기일에 출석하였으나 재산의 목록의 제출 또는 선서를 거부한 때와 채무자가 거짓의 재산목록을 제출한 때, 또는 채무자가 제출한 재산목록의 재산만으로 집행채권의 만족을 얻기에 부족하면, 재산명시 절차를 실시한 법원은 그 재산명시를 신청한 채권자의 신청에 따라 개인의 재산 및 신용에 관한 전산망을 관리하는 공공기관이나 금융기관 등에 채무자의 재산에 관한 조회를 신청할 수 있다. 재산조회를 신청받은 법원은 채무자의 전 재산에 대한 조회를 실시, 신청인인 채권자에게 정보를 제공한다.

채무불이행자명부제도

채무자가 채무를 이행하지 아니할 경우 채권자는 법원에 신청하여 채무불이행자 명부에 등재를 신청할 수 있다. 법원의 등재결정이 나면 등재결정을 한 법원과 채무자의 주소지 시·구·읍·면의 장에게 통지해 통지를 받은 시·구·읍·면의 장은 채무불이행자 명부에 등재한 후 이 명부를 비치해 두어야 한다. 채무불이행자 명부는 인쇄물로 공표하지 않는 한 누구든지 열람등사가 가능하다.

소송비용 부담

소송비용(인지대, 송달료, 변호사비용, 법무사비용, 감정료, 증인여비)은 재판에서 진 쪽에서 부담을 한다. 따라서 무턱대고 소송을 제기하는 것보다는 소송제기 전에 법률전문가와 상의를 한 후 법률적인 검토를 거쳐 소송제기 여부를 결정하는 것이 좋다. 소송비용 중 변호사비용은 당사자가 지출한 비용 전부가 아닌 소송물가액에 따라 대법원이 정한 범위 내에서 정해진다. 다시 말하면 소송물가액이 낮은 경우 지출한 변호사비용의 절반 정도도 받지 못하는 경우도 있다는 것을 알고 변호사비용을 지급하여야 한다. 변호사에게 선임료로 많은 돈을 주더라도 재판에서 이기면 다 받을 수 있다고 단순하게 생각하다가는 낭패를 본다.

토지경계에 관한 민법의 규정

1. 인접하여 토지를 소유한 자는 공동비용으로 통상의 경계표나 담을 설치할 수 있다. 위의 비용은 쌍방이 절반씩 부담한다. 그러나 측량비용은 토지의 면적에 비례하여 부담한다. 위의 규정은 다른 관습이 있으면 그 관습에 의한다.

2. 인접소유자는 자기의 비용으로 담의 재료를 통상보다 양호한 것으로 할 수 있으며, 그 높이를 통상보다 높게 할 수 있고, 또는 방화벽 등 기타 특수시설을 할 수 있다.

3. 경계에 설치된 경계표, 담, 구거 등은 상린자의 공유로 추정한다. 그러나 경계표, 담, 구거 등이 상린자 일방의 단독비용으로 설치되었거나 담이 건물의 일부인 경우에는 그러하지 아니하다.

4. 인접지의 수목 가지가 경계를 넘은 때에는 그 소유자에 대하여 가지의 제거를 청구할 수 있다. 위의 청구에 응하지 아니한 때에는 청구자가 그 가지를 제거할 수 있다. 인접지의 수목 뿌리가 경계를 넘은 때에는 토

지소유자는 임의로 제거할 수 있다.

5. 토지소유자는 인접지의 지반이 붕괴할 정도로 자기의 토지를 심굴(깊은 굴)하지 못한다. 그러나 충분한 방어공사를 한 때에는 그러하지 아니하다.

6. 건물을 축조함에는 특별한 관습이 없으면 경계로부터 반 미터 이상의 거리를 두어야 한다. 인접지소유자는 위의 규정에 위반한 자에 대하여 건물의 변경이나 철거를 청구할 수 있다. 그러나 건축에 착수한 후 1년을 경과하거나 건물이 완성된 후에는 손해배상만을 청구할 수 있다.

7. 경계로부터 2미터 이내의 거리에서 이웃 주택의 내부를 관망할 수 있는 창이나 마루를 설치하는 경우에는 적당한 차면시설을 하여야 한다.

8. 우물을 파거나 용수, 하수 또는 오물 등을 저치할 지하시설을 하는 때에는 경계로부터 2미터 이상의 거리를 두어야 하며 저수지, 구거 또는 지하실공사에는 경계로부터 그 깊이의 반 이상의 거리를 두어야 한다. 위의 공사를 함에는 토사가 붕괴하거나 하수 또는 오물액이 이웃에 흐르지 아니하도록 하여야 한다.

9. 토지 경계가 침범된 경우 소유권절대원칙에 의해 침범한 부분에 대한 반환을 청구할 수 있다. 그러나 침범한 토지가 적고, 침범한 토지 위에 건물이 서 있고, 토지를 반환할 경우 건물이나 담장을 철거해서 반환하여야 하는데 철거에 많은 비용이 들거나 철거로 막대한 지장이 초래될 경우 권리남용으로, 토지의 대금으로 지급하라는 것이 대법원 판결의 일관된 입장이다. 즉, 침범한 토지가 3평인데 그 위에 3층 건물이 서 있어 토지를 인도하려면 건물의 일부를 철거하여야 하고 건물의 일부를 철거할 시 건물에 막대한 지장이 초래될 경우 토지가액을 반환하도록 하고 있다. 그렇

다고 토지 주인이 과도한 토지가액을 청구할 경우에는 원고의 청구가 기각될 수도 있다.

통행권이 침해된 경우

어떤 통로가 공로로 통하는 유일한 길일 경우 통행을 방해해서는 안 된다. 즉, 공로로 통하는 길이 그 길뿐인 경우 개인의 토지라 하더라도 통로를 막을 수 없다. 그러나 도로사용료는 청구할 수 있다.

또 어떤 사정으로 통로가 없어지게 된 경우 남의 토지에 통로를 내 줄 것을 청구할 수 있고, 토지소유자는 특별한 사정이 없는 한 통로를 내 주어야 한다. 또 도로소유자는 특정인에 대해서만 통행의 자유를 방해할 수 없다. 그러나 통로를 내 줄 것을 청구하는 사람도 가장 적은 비용과 피해가 적은 쪽으로 통로 개설을 청구하여야 한다.

토지의 분할로 인하여 공로에 통행하지 못하는 토지가 있는 경우 그 토지의 소유자는 공로에 출입하기 위해 다른 분할자의 토지를 통행할 수 있다. 이 경우 통로에 들어간 토지의 가격은 보상해야 한다.

물에 관한 민법의 규정

1. 토지소유자는 이웃 토지로부터 자연히 흘러오는 물을 막지 못한다. 고지소유자는 이웃 저지에서 자연히 흘러내리는 이웃 저지에서 필요한 물을 자기의 정당한 사용범위를 넘어서 막지 못한다.

2. 흐르는 물이 저지에서 폐쇄된 때에 고지소유자는 자비로 소통에 필요한 공사를 할 수 있다.

3. 토지소유자가 저수, 배수 또는 인수하기 위해 공작물을 설치한 경

우 공작물의 파손 또는 폐쇄로 타인의 토지에 손해를 가할 염려가 있는 때에 타인은 그 공작물의 보수, 폐쇄의 소통 또는 예방에 필요한 청구를 할 수 있다.

4. 토지소유자는 타인의 토지를 통과하지 아니하면 필요한 수도, 소수관, 가스관, 전선 등을 시설할 수 없거나 과다한 비용을 요하는 경우에는 타인의 토지를 통과하여 이를 시설할 수 있다. 그러나 이로 인한 손해가 가장 적은 장소와 방법을 선택하여 시설하여야 한다. 타인의 토지에 손해가 발생할 경우에는 배상하여야 한다. 시설을 한 후 사정의 변경이 있는 경우 타인 토지의 소유자는 그 시설의 변경을 청구할 수 있다. 시설 변경의 비용은 토지소유자(필요에 의해 시설을 한 자)가 부담한다.

5. 토지소유자는 처마물이 이웃 토지에 직접 낙하하지 않도록 적당한 시설을 하여야 한다.

6. 고지소유자는 침수지를 건조하기 위하여 또는 가용이나, 농·공업용의 여수를 소통하기 위해 공로, 공류 또는 하수도에 달하기까지 저지에 물을 소통하게 할 수 있다. 이 경우에는 저지의 손해가 가장 적은 장소와 방법을 선택하여야 하며 손해를 보상하여야 한다.

7. 토지소유자는 그 소유지의 물을 소통하기 위하여 이웃 토지소유자가 시설한 공작물을 사용할 수 있다. 위의 공작물을 사용하는 자는 그 이익을 받는 비율로 공작물의 설치와 보존의 비용을 분담하여야 한다.

8. 토지소유자는 과다한 비용이나 노력을 요하지 아니하고는 가용이나 토지이용에 필요한 물을 얻기 곤란한 때에는 이웃 토지소유자에게 보상하고 여수의 급여를 청구할 수 있다.

9. 구거 기타 수류지의 소유자는 대안의 토지가 타인의 소유인 때에는

그 수로나 수류의 폭을 변경하지 못한다. 양안의 토지가 수류지소유자의 소유인 때에 소유자는 수로와 수류의 폭을 변경할 수 있다. 그러나 하류는 자연의 수로와 일치하도록 하여야 한다. 위의 규정은 다른 관습이 있으면 그 관습에 의한다.

10. 수류지의 소유자가 언(언덕, 뚝)을 설치할 필요가 있는 때에는 그 언을 대안에 접촉하게 할 수 있다. 그러나 이로 인한 손해를 보상하여야 한다. 대안의 소유자는 수류지의 일부가 자기소유인 때에는 그 언을 사용할 수 있다. 그러나 그 이익을 받는 비율로 언의 설치, 보존의 비용을 분담하여야 한다.

11. 공유하천의 연안에서 농·공업을 경영하는 자는 이에 이용하기 위하여 타인의 용수를 방해하지 아니하는 범위 내에서 필요한 인수를 할 수 있으며, 위의 인수를 하기 위하여 필요한 공작물을 설치할 수 있다. 인수나 공작물로 인하여 하류연안의 용수권을 방해하는 때에 그 용수권자는 방해의 제거 및 손해의 배상을 청구할 수 있다.

12. 농·공업의 경영에 이용하는 수로, 기타 공작물의 소유자나 몽리자의 특별승계인은 그 용수에 관한 전소유자나 몽리자의 권리의무를 승계한다. 용수권에 관한 규정은 다른 관습이 있으면 그 관습에 의한다.

13. 상린자는 그 공용에 속하는 원천이나 수도를 각 수요의 정도에 응하여 타인의 용수를 방해하지 아니하는 범위 내에서 각각 용수할 권리가 있다.

14. 필요한 용도나 수익이 있는 원천이나 수도가 타인의 건축 기타 공사로 인하여 단수, 감수 기타 용도에 장해가 생긴 때에 용수권자는 손해

배상을 청구할 수 있다. 위의 공사로 인하여 음료수, 기타 생활상 필요한 용수에 장해가 있을 때에는 원상회복을 청구할 수 있다.

법정지상권

법정지상권은 법적으로 토지와 건물의 소유자가 달라지게 될 경우, 토지와 건물의 소유자 간에 토지 이용권에 대한 분쟁이 발생될 수 있는데, 이러한 문제를 해결하기 위해 건물 소유자에게 법률상 토지를 이용할 수 있도록 하는 제도이다. 대한민국에서는 영미권과 달리 토지와 건물의 소유권이 별개라는 점에서 생긴 제도이다.

법정지상권이 성립될 경우 건물소유자는 건물을 철거하지 않고 토지를 사용할 수 있는 권리가 발생되고 토지소유자는 건물소유자에게 토지사용료를 청구할 수 있다.

민법 규정상의 법정지상권으로는 전세권에서의 법정지상권과 저당권 실행 경매시의 법정지상권이 있다.

한편, 매매 등의 원인으로 건물소유자와 토지소유자가 달라진 경우에 관습상의 법정지상권이 판례상 인정되고 있다. 법정지상권자라 할지라도 대지 소유자에게 지료를 지급할 의무는 있는 것이고, 법정지상권이 있는 건물의 양수인으로서 장차 법정지상권을 취득할 지위에 있어 대지 소유자의 건물 철거나 대지 인도 청구를 거부할 수 있다 하더라도 그 대지를 점유, 사용함으로 인하여 얻은 이득은 부당이득으로서 대지 소유자에게 반환할 의무가 있다.

법정지상권에는 관습법상 법정지상권과 분묘기지권이 있다.

분묘기지권

1. 분묘란

지상(땅위)에 봉우리가 있고, 지하(땅속)에 시신이 있어야 묘소로 인정을 한다. 시신은 유골, 유해, 유발 등을 뜻한다. 그러니까 가묘는 분묘로 인정을 받을 수 없다.

2. 분묘기지권

타인의 토지에 시신을 매장한 분묘가 설치된 경우 일정한 요건이 갖추어진 경우 분묘를 이장하지 않고 그대로 두면서 관리할 수 있는 권리가 보장되는데, 이를 민법상 분묘기지권(법정지상권)이라고 한다. 다음의 경우가 이에 해당된다.

    (1) 토지소유자의 승낙을 얻어 분묘를 설치한 경우

    (2) 토지소유자의 승낙 없이 분묘를 설치하고 20년간 평온, 공연하게 점유하여 시효취득을 한 경우

    (3) 분묘를 설치한 토지소유자가 토지소유권을 양도하면서 분묘의 이장 특약 없이 토지소유권을 타인에게 양도한 경우

이렇게 발생한 분묘기지권의 존속기간은 분묘관리자가 분묘의 수호와 봉사를 계속하고, 그 분묘가 존속하는 한 계속된다.

3. 자신의 토지 위에 타인의 분묘가 있는 경우

자신의 토지 위에 타인의 분묘가 있으면, 개발 또는 매각에 걸림돌이 된다. 어떤 방법으로 이장을 시킬 것인가? 이런 경우에는 분묘 주인을 알거나 알 수 있는 경우(유연고 묘지)와 분묘 주인을 알 수 없는 경우(무연고 묘지)가 있다. 두 경우에 따라 그 방법과 절차가 달라진다.

    (1) 유연고 분묘(주인 있는 묘지)

현지 분묘 사진촬영을 한 후 주인을 찾는다. 연고자가 확인되면 문서로 개장에 관한 사항을 3개월 이상의 기간을 정하여 서면으로 통보한다(장사 등에 관한 법률 제27조). 이후 만나서 분묘기지권 여부 등을 확인하고 분묘 이장(개장)비용 및 기타비용을 협상한다. 만일 토지 주인(현재 또는 과거)의 승낙 없이 분묘를 쓴 경우 연고자는 분묘기지권을 주장할 수 없다.

(2) 무연고 분묘(주인 없는 산소)

현지 사진촬영 후에 분묘의 주인(연고자)을 찾는 노력을 한다. 분묘와 그 근처, 산 입구 등에 주인을 찾는 현수막을 설치하고 주변 마을 이장 등을 통해 탐문으로 연고자 찾는 노력을 한다. 상당기간 이러한 노력에도 불구하고 주인이 나타나지 않거나 확인할 수 없을 때에는 분묘개장 신문공고를 낸다(장사 등에 관한 법률 제28조). 신문공고는 중앙일간지를 포함한 2개 이상의 일간신문에 2회 이상 게재하되 1개월 이상의 간격을 두어야 한다. 이러한 제반 활동의 관련 증빙서류들을 구비하여 관할 지자체장(시장, 군수, 구청장)에게 개장허가 신청을 내고 개장허가증을 받아 납골당에 일정기간 안치하거나 이장 등의 개장 절차를 밟는다.

유치권

유치권은 타인의 물건이나 유가증권을 점유한 자가 그 물건이나 유가증권에 관한 채권의 전부를 변제받을 때까지 그 물건이나 유가증권을 유치하여 채무자의 변제를 심리상으로 강제하는 민법의 법정담보물권이다(민법 제320조 제1항).

갑의 시계수리를 의뢰받은 을이, 갑이 시계수리대금을 지급할 때까지 시계를 갑에게 돌려주지 않고 그대로 유치할 수가 있다. 법률은 타인의 물건이나 유가증권을 점유하는 자가 그 물건이나 유가증권에 관하여 채권이 발생되었을 때에는 그 채권을 변제받을 때까지 그 물건이나 유가증권의 반환을 거절할 수 있게 하여 채권자를 보호하고 있다. 즉, 시계수리공은 시계수리비를 받을 때까지 그 시계를 내어주지 않아도 된다. 이를 유치권이라고 한다.

지역권

지역권이란 일정한 목적을 위하여 타인의 토지(승역지)를 자기의 토지(요역지)의 편익에 이용하는 것을 말한다. 즉, 자기 토지의 편익을 위하여 타인의 토지를 통행하는 것이나 자기 토지의 용수를 위하여 타인의 토지를 이용하는 것이다.

지역권은 인수(물을 끌어오기 위함), 통행, 관망 등 요역지의 편익을 위하여 요역지 소유자가 승역지 소유자에게 일정의 비용을 지급하고 지역권 설정계약을 하여 이루어진다.

근로계약

사용자가 근로자에게 임금을 지급하고 근로자는 사용자에게 근로를 제공하는 계약을 근로계약이라고 한다. 근로계약은 구두로도 가능하나 후에 생길 수도 있는 분쟁을 막기 위해서는 서면으로 계약서를 작성해 두어야 한다. 근로계약이 법에 정한 기준과 다르면, 이는 자동적으로 무효가 되고 무효된 부분은 근로기준법이 정한 내용으로 대체된다(근로기준법 제15조). 기간은 사용자와 근로자가 협의로 정하면 된다. 단, 근무기간이 2년을 초과하는 경우에는 '기간제 및 단시간 근로자 보호 등에 관한 법률'에 의해 초과하는 날부터 기간을 정하지 않은 근로계약을 체결한 것으로 인정되기 때문에 정당한 사유가 없는 한 근로자를 해고할 수가 없다.

사용자가 근로계약 체결시 명시한 근로조건이 사실과 다를 경우에 근로자는 근로조건 위반을 이유로 즉시 근로계약을 해제할 수 있고, 손해배상을 청구할 수도 있다.

부당해고의 구제

부당하게 해고당한 근로자는 지방노동위원회에 부당해고 구제신청을 하거나, 법원에 해고 무효확인소송을 청구하는 방법이 있다. 부당해고가 인정되면 원직에 복직을 하고, 해고된 날부터 복직할 때까지의 임금이나 손해배상은 별도의 민사소송을 통해 받을 수 있다.

〈부당해고 구제 절차〉

1. 부당해고 구제신청

해고된 날로부터 3개월 이내에 지방노동위원회에 신청한다.

2. 조사·심문

부당해고에 대하여 지체 없이 조사와 당사자 심문과 필요할 경우 증인신문

3. 구제명령 또는 기각결정

사업주의 부당해고가 인정되면 구제명령을 하고, 인정이 되지 않으면 기각결정을 한다.

4. 재심신청

당사자는 노동위원회의 결정에 대하여 명령서나 결정서를 받은 날부터 10일 이내에 중앙노동위원회에 재심을 청구할 수 있다.

5. 행정소송

재심결과에 대하여 이의가 있을 경우에는 재심판정서를 받은 날부터 15일 이내에 행정소송을 제기할 수 있다.

산업재해 보상보험금의 신청

근로자가 일을 하다가 부상, 질병, 사망 등 피해를 당했을 때 그 손실에 대하여 보상해 주기 위해 마련된 사회보험제도이다. 1인 이상 규모의 모든 사업장에서 직종이나 고용 형태를 막론하고 단 하루, 단 한 시간을 근무한 근로자라도 업무상 재해를 당하면 산업재해보상을 받을 수 있다. 이는 상시 근로자 수 1인 이상의 사업장에서 일하는 근로자는 사업주의 보험가입 여부와 상관없이 산재보상제도의 적용을 받을 수 있다. 단, 무면허건설업자가 시공하는 건설공사의 경우 총 공사금액이 2,000만 원 이상이어야 한다. 산재보상과 민법상 손해배상을 동시에 받을 수는 없다. 민법상 보상을 받은 경우 그 범위 내에서 산재보상이 적용된다. 재해로 500만 원의 치료비가 나온 경우, 민사로 200만 원의 보상을 받았다면 나머지 부분 300만 원에 대하여 산재보상을 받을 수 있다.

실업급여의 신청

1. 실업급여(고용보험)제도란

고용보험은 실직자에게 실업급여를 지급하여 생계를 지원하고 재취업을 촉진하는 한편, 실업의 예방과 직업훈련 강화를 위해 기업에 장려금 등을 지원하는 사회보험제도이며, 1인 이상 근로자를 고용하는 모든 사업장은 의무적으로 고용보험에 가입해야 한다. 단, 아래의 경우에 해당하는 사람은 고용보험에 가입할 수 없다.

(1) 65세 이상 근로자

(2) 1개월 근로시간이 60시간 미만인 근로자

(3) 국가공무원법·지방공무원법에 의한 공무원

(4) 사립학교법에 의한 교직원 및 종사자

(5) 거주 자격이 없는 외국인 근로자

2. 실업급여의 종류

(1) 구직급여

구직급여는 실직 전 18개월 중 고용보험 가입 사업장에서 180일(피보험 단위 기간) 이상 근무한 근로자가 회사의 폐업, 도산, 경영상 해고, 권고사직과 같이 회사의 경영상 사정 등과 관련하여 비자발적인 사유로 이직한 경우에 받을 수 있다. 그러나 스스로 직장을 그만두었거나 중대한 잘못으로 금고 이상의 형을 받고 해고된 경우에는 받을 수 없다. 지급액은 90 ~ 240일(수급 기간은 연령 및 고용보험 가입 기간에 따라 다름) 동안 실직 전 평균 임금의 50%를 지급하는데, 최고는 1일 40,000원, 최저는 최저 임금액의 90%이다.

(2) 상병급여

실업급여 신청 후 7일 이상의 질병, 부상으로 실업 인정을 받지 못한 경우, 또는 출산으로 인해 취업이 불가능한 경우(출산일로부터 45일간 지급)에 상병급여 청구서를 제출하면 구직급여액과 같은 금액을 받을 수 있다.

(3) 훈련연장급여

지방노동행정 기관장의 직업능력 개발훈련 지시에 의해 훈련을 수강하는 경우, 훈련 기간 동안(최대 2년) 월 1회 수강 증명서를 제출하면 직업능력 개발훈련을 받는 기간(최대 2년) 동안 구직급여의 70%를 연장해서 받을 수 있다.

건강보험제도

건강보험제도는 평소에 조금씩 보험료를 납부하였다가 병이 났을 경우 의료비를 지원받는 제도를 말한다. 소득의 재분배와 위험 분산의 효과를 거두기 위한 사회보장제도이다. 건강보험은 일정한 요건을 갖춘 사람은 의무적으로 가입을 해야 한다. 보험료는 각자 개인의 부담능력에 따라 차등 부담한다. 보험료의 납부금액에 차별 없이 누구나 똑같이 보험급여를 받는다.

보험료는 매월 납부해야 하며, 일정기간 동안 내지 않으면 법에 의해 보험료를 강제로 징수한다.

급여의 종류는 다음과 같다.

1. 건강검진급여

가입자 및 피부양자에 대한 건강검진을 통해 질병을 조기 발견하고, 이에 따라 요양급여를 지급한다.

2. 요양급여

진찰, 약제 또는 치료재료의 지급, 처치, 수술, 기타의 치료, 의료시설에의 수용, 간호 및 이송 등의 비용에 대하여 지급한다.

3. 요양비

가입자 또는 피부양자가 긴급한 사정이나 부득이한 사유로 요양기관에서 질병, 부상, 출산 등으로 요양을 받은 경우, 그 요양급여에 상당하는 금액을 지급한다. 치료를 위해 병원에 입원을 할 경우 진료비의 80%를 건강보험에서 부담한다. 병원이 진료비를 청구하면 건강보험심사평가원에서 적정 여부를 심사하여 비용을 지급한다.

4. 장애인 보장구에 대한 급여

장애인복지법에 의한 등록 장애인이 필수 보장구를 구입하는 경우 보장구 구입액의 일부를 지급한다.

5. 본인부담액의 보상

매 30일간의 본인 부담액이 120만 원을 초과한 경우, 그 초과금액의 50%를 현금으로 지급한다.

6. 장제비

가입자 또는 피부양자가 사망했을 경우, 그 장제를 행한 자에게 25만 원을 지급한다.

근로자의 남녀차별금지

국가는 고용에 있어 양성평등을 보장하는 한편, 여성이 직장과 가정생활을 조화롭게 해 나 갈 수 있도록 남녀고용평등법을 시행하고 있다. 또 근로기준법상 '사용자는 남녀의 차별대우를 해서는 아니 되며, 국적이나 신앙, 사회적 신분 등을 이유로 근로조건에 있어 차별적 처우를 해서도 아니 된다.'라고 명시하고 있다. 남녀의 차별은 먼저 채용시 남녀를 차별해서는 아니 되며 직무수행과 무관한 용모, 키, 체중 등의 신체적인 조건 등과 미혼을 따져서는 아니 된다. 또 각종 인사, 즉 승진, 퇴직, 교육 등에 있어 차별을 두어서는 안 된다.

장애인에 대한 근로보장

국가는 장애인이 직업을 가지고 안정적으로 생활을 해 나갈 권리를 보장하기 위해 고용기회의 확대, 창업자금의 융자, 직업훈련의 지원을 하고 있다.

상시근로자 50인 이상의 사업장에서는 의무적으로 총 근로자 수의 2%에 해당하는 인원을 장애인으로 고용해야 한다. 자영업을 희망하는 장애인에게 1인당 5,000만 원 이내에서 시설 장비구입비, 영업장소매입비, 임차보증금, 상품구입비 등을 융자해 주고 있다. 융자금의 금리는 3%이고 2년 거치 5년 분할 상환제도를 택하고 있다. 또, 장애인이 출퇴근용 자동차를 구입하는 비용과 생활의 안정을 위해 자동차 구입자금으로 1,000만 원의 융자와 생활안정자금으로 1,000만 원도 융자를 해주고 있다. 이밖에도 한국장애인고용촉진공단과 노동부 고용지원센터에서 장애인이 구직을 신청할 경우 도와주고 있다.

산전휴가제도란

종전에는 산전후 휴가기간 90일분 중 기업주가 60일분, 고용보험에서 30일분을 부담하였으나 2006년 1월 1일 이후부터는 고용보험법상 우선지원 대상기업(광업 300인 이하, 제조업 500인 이하, 건설업 300인 이하,

운수·창고 및 통신업 300인 이하, 기타 100인 이하 사업장으로 중소기업법 제2조 제1항 및 제3항의 기준에 해당하는 기업)에 한해 90일분 전체를 고용보험에서 부담하게 된다. 산전후 휴가급여는 휴가 개시일 현재의 통상 임금을 기준으로 하되, 90일 기준 최고 405만 원까지 지급된다. 산전후 휴가급여를 지급받고자 하는 근로자는 산전후 휴가를 30일 이상 경과한 후에, 월별로 혹은 휴가 종료 후 한꺼번에 사업주로부터 산전후 휴가 확인서를 발급받아 신청서와 함께 신청인의 거주지 또는 사업장 소재지를 관할하는 고용지원센터에 제출하면 된다.

자연 유산된 경우에는(인공 임신중절의 경우 모자보건법 제14조의 규정에 의해 허용되는 경우에만 휴가 부여 대상이 된다) 임신 기간에 따른 건강 회복 정도의 차이에 따라 단계별로 보호 휴가가 부여된다. 이를 지키지 않은 사업주에게는 산전후 휴가와 마찬가지로 2년 이하의 징역 또는 1,000만 원 이하의 벌금을 부과한다.

육아휴직이란

육아휴직이란 생후 3년 미만의 영아를 가진 근로자가 그 영아의 양육을 위하여 신청하는 휴직을 말하는데, 이는 근로자의 육아 부담을 해소하고 계속 근로를 지원함으로써 근로자의 생활 안정 및 고용 안정을 도모하는 한편, 기업의 숙련 인력 확보를 지원하는 제도라고 할 수 있다.

육아휴직은 당해 사업장에 1년 이상 계속 근무하고, 생후 3년 미만의 영아를 가진 근로자가 신청할 수 있는데, 법률상의 양자 및 사실상 혼인 관계에 의해 태어난 영아도 포함된다.

육아휴직 기간은 1년 이내이며, 양육 대상인 영아가 출생한 날부터 생후 3년이 되는 날 사이에 신청 근로자가 자유로이 그 시기와 기간을 정할 수 있고, 산전후 휴가에 이어서 사용하지 않아도 된다.

육아휴직을 신청하려는 근로자는 원칙적으로 휴직 개시 예정일의 30일 전까지 사업주에게 육아휴직 신청서를 제출하여야 하고, 근로자가 신청 기한(30일 전)을 경과하여 육아휴직 신청서를 제출한 경우라면, 사업주는 제출일 × 30일 이내의 기간 중에 휴직 개시 예정일을 지정할 수 있게 된다.

국민연금제도

국민연금이란 나이가 들어 일을 할 수 없을 경우나 불의의사고 또는 질병으로 장애를 입거나 사망을 할 경우에 대비하여 평소에 보험료를 납부하고 나중에 본인이나 본인 사망시 유족에게 매달 지급되는 사회보장제도를 말한다. 국민연금은 원칙적으로 국내에 거주하는 18세 이상의 모든 국민은 가입을 해야 하는데, 공무원, 군인, 사립학교 교직원, 별정직 우체국 직원 등 다른 공적연금에 가입을 하고 있는 사람은 국민연금에 가입을 할 수가 없다.

국민연금의 보험료율은 소득의 9%이다. 납부방법은 매월 분을 다음 달 10일까지 전국의 어느 금융기관이든 납부하면 된다.

연금의 종류는 다음과 같다.

1. 노령연금

국민연금에 20년 이상을 가입하고, 60세가 되었을 때 지급한다.

2. 장애연금

장애연금은 국민연금 가입 중에 발생한 질병 또는 부상으로 인해 신체적, 정신적 장애가 있는 경우 장애가 존속하는 동안 장애등급에 따라 지급한다.

3. 유족연금

국민연금 가입자나 가입자였던 사람이 사망한 경우에 유족에게 지급한다.

4. 반환일시금

국민연금에 가입한 기간이 10년 미만인 사람이 60세에 도달하거나 공무원연금 등 다른 공적 연금에 가입한 경우, 국적을 상실하거나 국외로 이주한 경우에 납부한 보험료에 일정 이자를 가산하여 반환한다.

5. 사망일시금

국민연금 가입자가 사망한 경우에 유족연금 수급 대상에 해당되지 않는 배우자, 자녀 등 생계를 같이하는 유족에게 지급한다.

Part **03**

형사편

형사사건이란

공동생활을 하다보면 사람들 사이에 다툼도 생기고 사고도 일어나게 된다. 타인의 생명 또는 재산에 대하여 피해를 주거나 공익을 해하는 경우, 국가는 이러한 행위를 범죄행위로 정하고 일정한 형벌을 가하는데 이를 형사사건이라 한다.

형사사건의 처리 절차

형사사건의 처리 절차를 간단하게 설명하면 수사단계, 재판단계, 집행 단계로 나눌 수 있다.

1. 수사단계

사건의 고소, 고발, 자수, 인지가 수사의 단서가 된다. 여기서 인지에는 신문지상에 보도된 내용, 사체의 발견, 불신검문 등 여러 가지가 있는데 이것들을 수사의 단서로 해서 수사가 시작된다. 수사가 경찰에서 시작되었다면 수사 후 사건을 검사에게 송치하게 된다.

검사는 사건을 검토 후 기소 여부를 결정해 혐의가 인정되면 법원에 넘기게 된다.

2. 재판단계

법원은 검사로부터 기소된 공소장의 내용에 따라 재판을 하게 된다. 재판에는 유죄와 무죄를 따지고 유죄일 경우 선고유예, 벌금, 집행유예, 실형 등을 선고하게 된다.

3. 집행단계

법원의 판결내용에 따라 법무부에서 형을 집행하게 된다. 벌금형은 검사의 집행명령에 의해 집행되고, 징역형이나 금고형은 교도소에 수감을 해 집행된다.

형사 절차에 있어서의 피해자에게 정보제공

범죄로부터 피해를 본 피해자는 형사 절차 참여권을 실질적으로 보장하기 위하여 법령에 위반되지 않는 범위 내에서 형사 절차의 진행상황 및 기타 필요한 정보 등을 제공받을 수 있다.

경찰이 수사하는 사건에 대하여 정보제공 신청이 있으면 해당 경찰서에서 범죄피해자에게 사건의 접수, 진행경과 및 처리결과 등의 수사진행상황의 정보를 제공받는다.

검찰에서 사건을 처리하고 있는 경우에는 신청을 통해 범죄피해자에게 처분결과를 제공하게 되고 그리고 법원에서 재판을 할 시에는 재판의 일시 및 공소가 제기된 법원 판결과 관련된 내용의 정보를 제공받을 수 있다.

또 검찰청 피해자지원담당관은 신청에 따라, 범죄피해자에게 형 집행상황, 보호관찰 집행상황 등을 통지해 주고 있다. 법무부 교정국에서는 피해자가 요청을 하면 형 집행상황, 출소일자, 가석방일자 등의 정보를 제공하고 있다.

고소와 고발의 차이

피해자가 처벌을 해달라고 하면 고소, 피해자 아닌 제3자가 처벌을 해달라고 하면 고발이다. 형사소송법을 보면 제223조 '범죄로 인한 피해자는 고소할 수 있다.'와 제234조 '누구든지 범죄가 있다고 사료하는 때에는 고발할 수 있다.'라고 명시되어 있다. 본인이 피해자로서 처벌을 원하면 고소이고, 제3자가 범죄자의 처벌을 원한다면 고발이다.

고소의 방법

범죄의 피해자는 고소를 할 수 있다. 피해자가 사망하였을 경우에는 배우자, 직계친족, 형제자매에게 고소권이 있다. 고소는 수사기관에 고소장을 제출하여야 하는데 수사기관에서 구술로 할 수도 있다. 고소의 시기는 제한이 없으나 수사기관에서 수사를 하여 기소를 하여야 할 시기가 있는데 이를 공소시효라고 한다. 따라서 공소시효 기간 내에 수사기관에서 충분히 수사를 하여 기소할 수 있도록 넉넉한 시간을 두고 고소를 하여야 한다. 단, 친고죄는 범인을 안 날로부터 6개월 이내에 고소를 하여야 한다.

고소를 당했을 경우

고소를 당한 내용이 사실이라면 고소인을 만나서 합의를 하는 것이 상책이다.

내용이 사실과 다르거나 합의가 이루어지지 않으면 조사를 받기 전에 조사에 대비한 준비를 철저히 하여야 한다. 조사를 받을 시에는 유리한 말만 진술하고 불리하다고 생각하면 묵비권을 행사해 진술을 거부하는 것이 옳다. 피의자신문조서는 꼼꼼하게 확인을 하고 서명날인을 하여야 한다. 고소당한 사실에 대해 사전에 법률전문가와 상담을 한 후 조사에 임하는 것이 좋다.

수사

범죄의 혐의가 있다고 생각되는 경우에 범죄의 혐의 유무를 명백히 하여 공소제기 여부를 결정하고, 공소유지를 위한 준비작업의 일환으로 범인을 발견·확보하고 증거를 수집·보전하는 수사기관의 활동을 수사라고 한다.

수사기관에는 검사 및 사법경찰관리가 있다. 현행 형사소송법상 수사의 주체는 검사이다. 즉, 검사는 수사권과 수사지휘권 공소의 제기 여부를 결정하는 수사종결권을 갖는다. 이러한 점에서 사법경찰관리는 수사의 보조기관이라고 보아야 한다.

수사 개시의 원인을 수사의 단서라고 하는데, 수사의 단서에는 현행범의 체포, 변사자의 검시, 불심검문, 다른 사건 수사 중의 범죄 발견, 기사·풍설·세평·고소·고발·자수·진정·범죄신고 등이 있다. 고소·고발·자수가 있는 경우에는 바로 수사가 개시되나 기타의 경우에는 수사기관이 범죄의 혐의가 있다고 판단하는 경우에 수사를 개시하며 이를 입건이라고 한다.

고소의 취소와 검사의 불기소처분

고소는 취소를 할 수가 있다. 그 시기는 1심판결 선고 전까지 고소를 취소할 수 있다. 그러나 한 번 취소한 고소는 다시 고소하지 못하므로 고소나 고소의 취소는 신중을 기해야 한다.

고소를 하였는데 검사가 불기소처분을 하였다면 불기소 처분 통지를 받은 고소인은 30일 내에 고등검찰청에 항고를 할 수 있다.

고등검찰청에서 항고를 기각하면 항고기각 통지를 받은 날부터 10일 내에 법원에 재정신청을 할 수 있다.

재정신청

기소독점주의와 기소편의주의를 가지고 있는 검사에 대한 견제수단으로 재정신청제도가 있다. 검사의 불기소 처분에 대하여 불법, 부당 여부를 법원으로 하여금 판단하도록 하고 있다.

재정신청을 하기 위해서는 우선 검사의 불기소처분에 대하여 검찰항고를 한 후에 고등검찰청 검사장의 항고에 대한 기각처분이 있는 경우에 비로소 고등법원에 재정신청이 가능하다.

항고기각결정의 통지를 받은 날부터 10일 이내에 지방검찰청 검사장 또는 지청장에게 재정신청서를 제출하여야 한다. 이러한 재정신청은 관할 고등법원으로 보내지는데 법원은 재정신청을 송부받은 날부터 3개월 이내에 결정을 하게 된다. 고등법원에서 공소제기결정을 하면, 검찰에서는 담당검사를 지정하고 공소를 제기하게 된다. 재정신청은 고소인만 가능하고, 고발인은 재정신청을 할 수 없다.

범죄의 성립요건

1. 구성요건해당성

처벌을 받기 위해서는 범죄로 인한 행위의 처벌규정이 형법의 조문에 들어 있어야 한다. 죄형법정주의라고도 하는데 어떤 행위의 처벌에 관한 규정이 법조문에 없으면 처벌을 할 수가 없다. 이것을 구성요건해당성이라고 한다.

2. 위법성

그 행위가 법률상 허용되지 않는 위법한 것이어야 한다. 예를 든다면, 권투시합을 한 권투 선수를 폭행죄로 처벌할 수가 없는 것이다.

3. 책임성

행위를 한 사람에게 책임을 물을 수 있어야 한다. 다시 말하면 형사 미성년자(14세 미만), 심신상실자에게는 형사책임을 물을 수 없다.

지명수배와 지명통보

1. 지명수배

3년 이상의 징역형에 해당하는 죄를 지은 자가 출석요구에 응하지 않고, 행방도 알 수 없는 경우에는 전국에 지명수배를 한다. 지명수배자가 검거되면 긴급체포되어 수배관서로 넘겨진다.

2. 지명통보

3년 미만의 형벌이 가해지는 범죄에 대하여는 전국에 지명통보를 하게 된다. 지명통보자가 검거되면 긴급체포는 되지 않으나 수배관서로 한 달 이내에 자진출석하지 않으면 지명수배자로 지목되거나 체포 영장이 발부된다.

체포와 긴급체포

체포는 초동수사단계에서 구속의 경우보다 완화된 요건 하에서 피의자의 신병을 단기간 확보하기 위한 조치이다. 체포는 원칙적으로 법관으로부터 영장을 발부받아 수사기관이 피의자를 체포하게 된다. 피의자를 체포하기 위해서는 피의자가 죄를 범하였다고 의심할 만한 상당한 이유가 있고 수사기관의 출석요구를 거부하거나 그럴 우려가 있어야 한다. 그러나 사건이 중요하고 피의자가 증거를 인멸할 염려가 있거나 도주 가능성이 있어 영장을 사전에 발부받을 시간적 여유가 없는 경우에는 영장 없이 체포하는데, 이를 긴급체포라고 한다.

판사의 영장에 의하여 체포하는 것을 체포라고 하고, 판사의 영장 없이 피의자를 체포하는 경우를 긴급체포라고 한다. 긴급체포를 한 경우 검사는 48시간 이내에 법원에 구속영장을 청구하여야 한다.

만약 구속영장을 청구하지 않고 피의자를 석방한 경우, 검사는 긴급체포와 관련된 일정사항을 기재한 서면을 법원에 통지하여야 한다. 피의자를 체포 또는 구속하는 경우 피의사실의 요지와 체포를 한 이유와 변호인을 선임할 수 있음을 알려주어야 한다. 또한 체포된 사실을 변호인이나 배우자 또는 가족에게 서면으로 알려주어야 한다.

구속

구속영장은 검사의 청구에 의하여 판사가 발부한다. 판사가 구속영장을 발부하기 위해서는 피의자가 죄를 범하였다는 의심할 만한 상당한 이유가 있고 일정한 사유가 있어야 하는데, 아래와 같은 3가지 사유를 들고 있다.

1. 피의자가 일정한 주거가 없는 경우

2. 피의자가 증거를 인멸한 염려가 있는 경우

3. 피의자가 도망하거나 도망할 염려가 있는 경우

검사로부터 구속영장의 청구를 받은 판사는 영장실질심사를 통해 피의자의 구속사유를 살펴 구속사유가 있으면 구속영장을 발부하고 구속사유가 없으면 기각한다.

구속영장을 발부받은 경우 사법경찰관과 검사는 각각 10일씩 구속할 수 있으며, 검사는 판사의 허가를 받아 10일을 넘지 않는 한도에서 1회 연장할 수 있다.

보석

보석은 일정한 보증금의 납부나 구속된 자가 건강에 문제가 있는 등을 조건으로 하여 구속의 집행을 정지하여 구속된 피고인을 석방하는 제도이다. 보석은 구속이 적합한가를 판단하는 것이 아니라 그 집행만을 정지하는 것이다. 구속된 피고인이 보석으로 풀려나면 불구속 상태에서 재판을 받게 된다.

구속영장실질심사

구속영장실질심사란 검사에 의하여 구속영장이 청구된 경우에, 판사가 구속 여부를 판단하기 위하여 피의자를 소환하여 직접 심문하고 의견을 들어 구속 여부를 결정하는 제도로서 피의자의 방어권을 최대한 보장하기 위한 절차이다.

헌법에 규정된 무죄추정원칙에 따라 유죄판결이 확정되기 전까지 피의자는 무죄로 추정받아야 하기 때문에 불구속수사가 원칙임에도 불구하고 무분별하게 구속영장이 남발되는 경우 이에 대한 폐단을 없애기 위해 영장실질심사제도가 있다. 종전에는 피의자에 대한 실질심사 없이 수사기록만 보고 구속 여부를 판단했다.

구속적부심제도

구속적부심사란 구속된 사람이 구속의 적부 여부를 법원이 심사할 것을 청구할 수 있도록 하는 제도이다. 즉, 구속은 구속자에게 직접적인 고통이 되고, 그 명예를 훼손하며, 가족의 생계에도 막대한 위협을 줄 수 있다.

따라서 수사기관의 수사권남용으로 인한 불법체포·구속으로부터 인신의 자유를 확보하기 위해 영장발부에 대한 재심사 기회를 주어 인신보호에 만전을 기하도록 하기 위하여 마련된 제도이다.

구속적부심사는 피의자, 변호인, 법정대리인, 배우자, 형제자매, 호주, 가족, 동거인, 고용주 등이 신청할 수 있다.

압수 및 수색·검증

수사과정에서 수사기관은 피의자를 심문할 수도 있지만 사람의 신체나 물건, 일정한 장소에 대하여 수색을 할 수도 있다. 또 발견된 증거물이나 관련 물건을 압수할 수도 있다.

이러한 압수와 수색은 모두 범죄의 혐의가 있어야 할 수 있다. 또 원칙적으로 판사의 영장을 발부받아야 한다. 그러나 긴급한 경우 먼저 압수수색을 한 후 사후에 판사의 영장을 발부받는 경우도 있다. 또, 혈액의 채취나 신체검사, 사체의 해부, 분묘의 발굴 등을 할 수 있는데 이를 검증이라고 한다. 이 검증도 판사의 영장을 발부받아야 할 수 있다.

묵비권

묵비권이란 국민의 자유권적 기본권의 하나로서 수사나 재판에서 진술을 거부할 수 있는 권리다. 즉, 형사피고인 또는 피의자가 수사기관의 조사나 재판에 있어서 각개의 신문에 대하여 진술을 거부하는 권리를 묵비권이라 한다. 묵비권은 강제적인 고문에 의한 자백의 강요를 방지하여 피의자·피고인의 인권을 옹호하려는 취지에서 나온 것이다.

피고인 또는 피의자는 이익·불이익을 불문하고 묵비권을 행사할 수 있다. 진술 당시에는 이익·불이익이 반드시 판정되는 것이 아니기 때문이다. 수사기관은 피의자에게 이 진술을 거부할 권리가 있음을 고지할 의무를 진다. 법원 역시 피고인에게 진술을 거부할 권리가 있음을 고지하여야 한다. 따라서 긴급체포되어 불안한 가운데 조사를 받을 시 변호인을 대동하고 진술을 하겠다는 취지로 진술을 유보할 수도 있고, 상세한 내용을 알아본 후 진술하겠다는 취지로 진술을 거부할 수도 있다.

구금(구속)장소

범죄인을 구금할 장소로는 유치장, 구치소, 교도소가 있고, 교도소는 소년교도소, 여자교도소가 있다.

1. 유치장

경찰서에 설치된 구금장소를 말한다. 구치소 설치가 없는 지역의 경찰서에 설치가 되어 재판을 받는 동안 구금을 하고 있으며, 경찰에서 수사를 위해 구속한 사람이나, 구류처분을 받은 사람, 판사의 감치 명령을 받은 사람을 구금한다.

2. 구치소

법무부 소관으로 수사 중에 구속된 사람과 재판 중에 있는 미결수들을 구금하는 장소이다.

3. 교도소

재판이 종결되어 금고형이나 징역형이 확정된 사람들을 구금하는 장소이다. 소년교도소에서 19세 미만 소년을 구금하고 소년원이라고도한다. 여자교도소에서는 형이 확정된 여성만을 구금한다.

국선변호인제도

형사재판에서 사선(돈을 주고 선임하는 변호인)변호인이 선임되지 않는경우에 피고인을 위하여 국가의 비용으로 변호인을 선정해 주는 제도

1. 필요적 국선변호인 선정사건

   (1) 영장이 신청되고 영장실질심문 절차에 회부된 피의자에게 변호인이 없을 때

   (2) 피고인이 구속된 때, 미성년자인 때, 70세 이상인 때, 농아자인 때, 심신장애의 의심이 있는 자인 때, 사형, 무기 또는 단기 3년 이상의 징역이나 금고에 해당하는 사건으로 기소된 때

   (3) 피고인의 연령, 지능, 교육 정도 등을 참작하여 권리보호를 위하여 필요하다고 인정되고, 피고인이 국선변호인의 선정을 희망하지아니 한다는 명시적인 의사를 표시하지 않은 때

   (4) 치료감호법상 치료감호청구사건의 경우

   (5) 군사법원법이 적용되는 사건의 경우

(6) 국민참여재판에 관하여 변호인이 없는 때(국민의 형사재판 참여에
    관한 법률 제7조)
위 사항에 해당하는 피고인의 경우 법원에서 직권으로 국선변호인을
선임한다.

2. 임의적 국선변호인 선정사건

피고인이 빈곤 등 기타의 사유로 변호인을 선임할 수 없을 때에는 법원
에 국선변호인 선정을 청구할 수 있다. 빈곤 등 기타의 사유는 법원이 정
한 사유에 따르나 법원은 그 사유를 점점 넓혀가고 있다. 2003년 3월 1일
부터 임의적 국선변호인 선택제도의 도입에 따라 피고인의 재판부별 국선
변호인 예정자명부에 등재된 변호인 중에서 원하는 변호인을 임의적으로
선택하여 선정 청구할 수 있다.

3. 국선변호인 선정청구권자
  (1) 피고인
      법원은 공소가 제기된 피고인에게 공소장부본의 송달과 함께
      국선 변호인 선정에 관한 고지도 함께 하고 있다. 특히 피고인이
      빈곤 기타의 사유로 인하여 개인적으로 변호인을 선임할 수 없
      을 때에는 그 고지서 뒷면에 '국선변호인 선정 청구서'가 인쇄되
      어 있으므로 그 빈칸에 기재하고 날인한 다음, 신속하게(늦어도
      고지서를 받은 때부터 48시간 안에) 법원에 제출하면 된다.
  (2) 피고인 이외의 청구권자
      피고인의 법정대리인, 배우자, 직계친족, 형제자매와 호주 역시 독
      립하여 국선변호인의 선정을 청구할 수 있다.

검사의 공소의 제기(기소)

검사는 사법경찰관으로부터 송치받은 사건이나 직접 수사한 사건에 있어서 피의자에 대하여 법원의 유죄판결을 내릴 것이 판단이 되는 경우 재판을 요청하게 되는데 이를 공소의 제기 또는 기소라고 한다.

기소는 약식기소, 불구속기소, 구속기소가 있다.

약식기소는 검사가 판사에게 벌금형을 선고해 달라는 취지에서 하는 기소이다. 법원은 사건을 검토한 후 벌금형이 적당하면 벌금을 선고하고, 죄가 되지 않거나 벌금형을 선고하기에 부적당한 경우 통상재판에 회부할 것을 결정하게 된다. 통상 절차로 회부된 사건은 검사가 통상재판 절차로 기소하게 된다.

불구속기소는 피고인을 불구속 상태에서 사건을 법원에 넘기는 것을 말한다. 구속기소는 피고인을 구속한 상태로 법원에 넘기는 것을 말한다.

불기소 처분

검사가 수사한 결과 피의자에 대하여 공소를 제기하지 않는 것을 불기소라고 한다. 이러한 불기소처분에는 협의의 불기소처분과 기소유예가 있다.

협의의 불기소처분은 피의자에 대하여 심문을 하고 증거를 수집하였지만 범죄사실이 없거나 유죄를 입증할 증거가 충분하지 않을 시 기소를 하지 않는 것을 말한다.

기소유예는 수사한 결과 법원에 의한 유죄판결의 가능성이 높지만 범인의 연령, 성행, 지능과 환경, 범행의 동기, 수단과 결과, 범행 후의 정황 등을 고려하여 피의자를 처벌하는 것보다는, 반성의 기회를 주는 것이 보다 효과적인 경우에 기소를 하지 않는 것을 기소유예라고 한다.

무죄추정의 원칙

수사기관에 의해 현행범으로 체포 및 구속된 사람이라 할지라도 법원에서 확정적으로 형을 선고받기 전까지는 무죄라는 원칙. 프랑스 시민혁명의 산물인 인간과 시민의 권리선언에서 '누구든지 판결이 확정되기 전까지는 무죄로 추정한다.'는 선언을 근거로 한다.

유엔은 1948년 12월 10일 세계 인권선언을 제정하면서 '인권은 최대한 존중되어야 한다.'고 주장하였다. 우리나라는 헌법 제27조 4항에 '형사 피고인은 유죄의 판결이 확정될 때까지는 무죄로 추정된다.'고 규정되어 있으며, 신속한 재판을 받을 권리와 무죄추정의 원칙은 신체의 자유를 보장하기 위한 규정이다.

또한 불구속수사의 원칙하에 예외적으로 구속수사가 인정되어야 하며, 구속수사를 하는 경우에도 구속 기간은 최소한에 그쳐야 한다. 수사기관의 수사 방법은 신체적·정신적 고통 외에도 자백 강요, 사술, 유도, 고문 등의 사전예방을 위하여 최소한에 그쳐야 한다는 취지로 무죄추정 원칙이 강조되고 있다.

죄형법정주의

죄형법정주의는 '법률이 없으면 처벌도 없다.' 또는 '법률이 없으면 범죄가 없다.'라는 격언으로 불리어왔다. 이 격언의 뜻은 법률로 범죄와 형벌을 규정한다는 뜻이다. 다시 말해 사회에 있어 아무리 비도덕적인 행위라 할지라도 법률에 규정되어 있지 않으면 범죄가 성립되지 않으며 국가가 이를 처벌할 수 없다는 것이다. 또 국가가 어떤 자의 행위를 범죄로서 법률상 규정하였다 하여도 처벌하는 데 있어서는 법률로 규정된 형벌에 의해서만 처벌해야 한다는 것이다.

이러한 사상은 형법의 보장기능, 즉 국가기관에 대하여 국민의 권리를 보장하자는 데 있다. 이 원칙은 근대적인 자유주의 인권사상을 바탕으로 발생되어 확립되었다.

과거의 죄형전단주의(罪刑專斷主義) 아래에서는 범죄와 형벌이 재판관의 자의에 의하여 결정되었고, 따라서 개인의 자유와 권리가 부당하게 침해당하였다.

죄형법정주의의 실질적 내용은 다음 네 가지 원칙을 포함하고 있다.

1. 관습형법의 배척

범죄와 형벌은 국회에서 법률의 형식으로 제정된 '법률'로 정하여져야만 한다. 여기에 관습법은 포함되지 않는다. 왜냐하면 관습법은 그 내용이 국민 일반에게 널리 알려져 있다고 할 수 없으며, 그 범위도 불명확하여 형벌을 법 효과로 하는 규범이 되기에는 부적당하기 때문이다. 다만 개개의 구성요건 해석이나 행위의 위법성 판단에 있어서 사회생활상의 관습을 고려하지 않으면 안 될 경우가 있다.

2. 형법불소급의 원칙

형법의 효력은 소급할 수 없다는 원칙이다. 국가는 일단 허용된 국민의 행동을 후에 위법한 것이라고 할 수는 없다. 그것은 법질서의 안정을 해할 뿐 아니라, 국민에게 행동의 기준을 잃게 만들 염려가 있기 때문이다. 다만 이 원칙이 피고인의 이익을 지키기 위한 원칙인 까닭에, 피고인에게 유리한 경우라면 신법의 소급효가 인정되어야 할 것이다. '범죄 후 법률의 변경에 의하여 그 행위가 범죄를 구성하지 아니하거나 형이 구법보다 경한 때에는 신법에 의한다.'(형법 1조 2항)라고 한 것은, 그러한 취지를 담고 있다.

3. 유추해석의 금지

유추해석이란 법률에 규정이 없는 사항에 관하여 그와 유사한 성질을 지닌 사항에 관한 법률을 해석·적용하는 것이다. 유추해석의 허용은 국가권력의 자의적 지배, 국민 자유의 부당한 억압을 초래하기 쉽다. 특히 형벌은 개인의 권리와 자유에 대한 예외적인 규정이기 때문에 가능한 한 협소하게 해석할 필요가 생기는 것이다. 따라서 적어도 피고인에게 불이익한 방향으로의 유추해석은 죄형법정주의의 요청상 허용되지 않아야 할 것이다. 다만 유추해석의 금지를 엄격히 해석하면 형법법규가 새로이 변화하는 사회현상에 대응하지 못하는 점을 유의하고, 그에 대한 합리적인 대책을 수립하여야 할 것이다.

4. 절대적 부정기형의 금지

자유형의 경우 그 형기를 전혀 확정하지 않는 경우를 절대적 부정기형이라 한다. 이를 허용하게 되면 법관은 유죄선고만 하고 행형(형 집행시 교도소에서의 생활)성적에 따라 그 기간의 장단을 결정하게 되므로, 사법권에 대한 행정권의 침해를 초래하는 결과가 되어 이를 금지하는 것이다.

일사부재리의 원칙

형사소송법상으로는 어떤 사건에 대하여 유죄 또는 무죄의 실체적 판결 또는 면소의 판결이 확정되었을 경우, 판결의 기판력의 효과로서 동일사건에 대하여 두 번 다시 공소의 제기를 허용하지 않는 원칙을 말한다. 헌법은 '동일한 범죄에 대하여 거듭 처벌받지 아니한다.'고 규정하여 이 원칙을 명문화하고 있다. 즉, 일사부재리원칙은 판결로써 확정된 범죄는 다시 처벌할 수 없고, 본인의 이익을 위하는 경우를 제외하고는 그 행위를 재심사하는 것까지 금하는 것으로, 개인의 인권옹호와 법적 안정의 유지를 위해 수립된 형사법상 대원칙이다. 이 원칙의 효과가 미치는 범위는 사건과 동일의 관계에 있는 한 그 전부에 걸친다.

사건의 일부가 공소장에 기재되고, 그것에 대하여 재판이 행하여질 때에도 일사부재리의 효과는 그 처분상의 한 죄의 전부에 미치는 것이 일반적이다.

한편, 회의체의 의사과정에 있어서 그 회기 중에 부결된 의안은 그 회기 중에는 다시 제출하지 못하는 것을 일사부재의원칙(一事不再議原則)이라고 한다. 일사부재의원칙에 관하여는 국회법에 규정되어 있다.

이는 회의체의 의결이 있는 이상 그 회의체의 의사는 이미 확정되었기 때문에 다시 논할 필요가 없다는 데에 근거를 두고 있으며, 아울러 의사진행의 원활화와 소수파의 의사방해의 배제에 목적이 있다.

공소시효와 형의 시효

범죄행위가 있었으나 일정한 기간이 지나면 검사가 법원에 공소를 제기할 수 없는 것을 말하는데 사형에 해당하는 범죄는 25년, 무기징역 또는 무기금고에 해당하는 범죄는 15년이다. 즉, 형법상 무기징역에 해당하는 범죄를 저지른 후 15년이 지나면 공소시효가 완성되어 처벌을 할 수 없다.

형의 시효란 법원으로부터 형을 받은 사람이 일정한 기간이 지나면 형을 집행할 수 없는 것을 말한다. 사형을 선고받은 경우 30년, 무기징역 20년 등인데 형의 시효로 처벌을 받지 않는 경우는 거의 없다.

증인의 권리와 의무

형사재판에서 증인으로 채택되면 출석을 거부할 수 없지만 자기와 가족 등의 관계에 있거나 형사상 자기에게 불리한 사항에 대하여는 증언을 거부할 수 있다. 대한민국 국민은 누구나 법원에 출석하여 증언할 의무를 진다. 증인이 정당한 이유 없이 출석하지 않을 경우 500만 원 이하의 과태료에 처할 수 있다. 과태료의 처분을 받고도 불출석한 경우 결정으로 7일 이내의 감치에 처하도록 하고 있다.

증인으로 출석을 한 경우 여비와 일당을 지급하고 있다.

징역형과 금고형

교도소에 수감되어 있는 동안 노역을 하는 것이 징역형이고, 노역을 하지 않는 것이 금고형이다. 거의 대부분이 징역형이나 과실범인 경우 금고형을 선고하게 된다.

형은 생명형, 자유형, 재산형, 자격형으로 나누는데 생명형은 사형, 자유형은 징역과 금고, 재산형은 벌금형, 자격형은 자격상실 자격정지가 있다.

벌금형

우리나라는 초범이거나 과실범, 또 개전의 정이 있는 사람에게는 벌금형을 선고한다. 이것은 처벌받는 사람이 돈으로 형벌을 대신할 수 있어 좋고, 국가도 무조건 교도소로 보낸다면 수용시설이나 간수 등 여러 가지로 어려움이 많기 때문이며, 또 벌금은 국가의 수익이 되어 국가의 재정에도 도움이 되기 때문이다.

벌금형이 확정되면 30일 이내에 벌금을 납부하여야 한다. 벌금을 못 낼 경우 노역장에 유치하게 된다. 그러나 형의 시효가 있을 때 3년간 벌금을 내지 않으면 시효로 소멸된다.

집행유예

집행유예의 뜻은 집행을 미룬다는 의미이다. 즉, 판결로 징역 1년에 집행유예 2년이 선고되었다면 2년 동안은 집행을 위해 교도소로 보내지 않고 집행유예기간인 2년이 경과되면 판결의 효력(징역 1년 선고)이 상실되도록 하는 것이다.

그러나 특별한 사유가 있으면 집행유예가 실효되거나 취소되기도 한다. 집행유예가 실효되거나 취소되면 징역형이 바로 집행되어 교도소에 구금된다.

집행유예가 끝나기 전에 다른 고의 범죄를 저질러 금고 이상의 실형을 선고받는 경우 집행유예가 실효되어 선고된 형을 살아야 한다.

집행유예가 취소되는 경우는 누범(출소 후 3년 이내에 다시 죄를 범한 경우)이거나, 집행유예선고를 받을 때 보호관찰이나 사회봉사명령이 함께 선고된 경우, 보호관찰이나 사회봉사명령을 제대로 받지 않는 등 규칙을 위반한 경우이다.

집행유예 취소, 실효는 동종범죄(사기, 사기) 사건이거나 이종범죄(절도, 사기 등) 사건이거나 구별하지 않는다. 어떠한 죄라도 상관없으며 고의로 저지른 죄로 실형이 선고될 경우 집행유예는 실효된다.

또 전과가 있다고 해서 집행유예가 안 되는 것은 아니다. 전과가 있더라도 누범전과(출소 후 3년 이내 저지른 죄)만 아니라면 집행유예 결격사유가 아니다.

또한 집행유예선고는 특정죄는 되고 특정죄는 안 되는 것이 아니고, 법정형에서 가중할 사유, 감경할 사유를 적용해 실제로 선고하는 형량이 징역 3년 이하로 선고가 가능하면 어떤 범죄라도 집행유예가 가능하다. 그러므로 살인죄도 처단형이 3년 이하로 선고될 참작사유만 있으면 집행유예가 선고될 수 있다.

선고유예

선고유예란 범죄의 정황이 가벼운 범죄인에 대하여 일정한 기간 동안 형의 선고를 유예하고 그 기간을 특별한 사고 없이 경과하면 면소된 것으로 간주하는 제도이며, 선고유예판결은 유죄판결이지만 피고인에게 실질적으로 형벌을 부과하지 않는 가장 가벼운 처벌의 유형으로, 앞으로 피고인의 사회복귀를 용이하게 하는 특별예방의 목적에 기여하는 것이라고 할 수 있다.

선고유예를 선고할 수 있는 사건은 1년 이하의 징역이나 금고, 자격정지 또는 벌금의 형을 선고할 경우에 형법 제51조의(정상참작 사유 : 1. 범인의 연령, 성행, 지능과 환경, 2. 피해자에 대한 관계, 3. 범행의 동기, 수단과 결과, 4. 범행 후의 정황 등) 사항을 참작하여 개전의 정상이 현저한 때에는 그 선고의 유예판결을 선고한다.

약식명령(벌금)의 불복방법

법원으로부터 약식명령(벌금형)의 통지를 받은 경우 범죄사실이 사실과 다르거나 벌금이 많다고 생각될 경우 약식명령을 받은 날부터 7일 내에 정식재판을 청구할 수 있다. 정식재판을 청구하면 법정에서 재판을 받게 된다. 약식명령에 대하여 정식재판을 청구한 경우 불이익변경금지의 원칙이 적용된다. 불이익변경금지의 원칙은 벌금 500만 원이 선고되어 정식재판을 청구하였다면 벌금 500만 원보다 더 높은 형을 선고할 수 없다는 것을 말한다.

무고죄와 위증죄

무고죄는 객관적인 진실에 어긋나는 내용을 신고해 타인에게 형사처분이나 징계처분을 받게 하려고 한 경우에 해당된다. 무고죄는 허위의 사실을 가지고 수사기관에 고소고발하는 경우에 해당되지만 수사기관에서 조사를 받으면서 허위사실을 진술하여 특정인을 처벌받게 할 목적이 있다면 무고죄가 된다. 그러나 사실에 입각하였으나 좀 과장된 경우에는 무고죄가 성립되지 않는다.

위증죄는 법정에서 선서한 증인이 허위의 사실을 증언한 때에는 위증죄로 처벌을 받는다.

초상권침해

법은 '사람은 누구나 얼굴 기타 사회통념상 특정인임을 식별할 수 있는 신체적 특징에 관하여 함부로 촬영 또는 그림을 묘사하거나 공표되지 아니하며, 영리적으로 이용당하지 않을 권리가 있다.'라고 초상권을 보호해 주고 있다. 따라서 허락 없이 남의 사진을 찍거나 찍힌 사진을 이용한다면 초상권침해 처벌을 받을 수 있다.

인터넷상의 댓글과 형사책임

요즘 가장 쉽게 전과자가 되는 방법이 인터넷의 댓글이라고 한다. 사실이든 허위이든 '악플'을 달면 상대방이 명예훼손으로 고소를 할 경우 무조건 유죄로 인정을 하는 것이 법원의 입장이다. 악플은 한 사람을 죽일 수도 있다는 것을 어느 유명 여배우의 자살사건에서 볼 수 있었다. 이처럼 남의 명예를 손상시키는 악플은 달지 말아야 한다.

사람을 비방할 목적으로 정보통신망을 통하여 불특정 또는 다수의 사람이 볼 수 있도록 사실을 적시하여 타인의 명예를 훼손한 자는 3년 이하의 징역, 금고 또는 2,000만 원 이하의 벌금에 처하고, 그러한 사실이 허위일 경우 7년 이하의 징역, 10년 이하의 자격정지 또는 5,000만 원 이하의 벌금에 처하도록 규정되어 있다(정보통신망 이용촉진 및 정보보호 등에 관한법률 제70조 제1항 및 제2항).

전자금융사기

금융거래가 보편화되어 있는 요즘 전자금융거래 사고가 다반사로 일어나고 있어 주의가 요구된다. 특히 농촌 노인들을 상대로 한 폰뱅킹은 서로간의 불신으로 이어져 아는 사람의 전화도 잘 받지 않는 풍토로 번지고 있어 이에 대한 특단의 조치가 요구되고 있다.

1. 폰뱅킹

본인이 모르는 사이에 예금이 인출되는 경우와 대출을 해주겠다고 하며 금융정보를 절취하는 경우, 구직자에게 신용불량자 확인 명목으로 폰뱅킹을 사용하게 한 다음, 전화번호 표시장치를 이용하여 금융정보를 빼내는 경우가 있다.

2. 인터넷뱅킹

금융기관 직원이 고객의 금융정보를 도용하여 본인 모르게 출금이 되는 경우와 대출상담을 하면서 금융정보를 절취하는 경우가 있다.

3. 현금자동인출금

예금청구서 등을 이용하여 개인 정보를 빼낸 다음, 현금 카드를 위조하는 경우와 현금카드나 신용카드를 복제하는 경우가 있다.

전자금융사기 예방을 위한 유의사항

1. 어느 누구에게도 계좌비밀번호, 보안카드비밀번호, 개인 금융정보를 알려주지 말 것

2. 대출에 대한 상담은 반드시 해당은행 직원과 상담을 하고, 잘 모르는 사람과는 전화 상담을 하지 말 것

3. 선수금을 계좌로 입금을 요구하는 경우 절대 응하지 말고, 의심이 될 경우 금융감독원 전화 국번 없이 1332로 신고할 것

명예훼손죄와 모욕죄의 차이점

명예훼손과 모욕죄의 차이점은 사람의 사회적 평가를 떨어뜨리는 표현(사실이든 허위이든)을 담고 있으면 명예훼손죄에 해당되고, 단순히 의견 표현일 경우 모욕죄에 해당된다. 예를 들어 '갑동이는 도박에 빠져 가산을 탕진하고 전셋집에서 쫓겨났다'고 할 경우, 그것이 사실이든 허위이든 명예훼손에 해당되고 허위일 경우 가중처벌이 된다. 그러나 '갑동이는 정신병자 같다'고 하였다면, 이는 모욕죄에 해당된다. 또 명예훼손죄는 반의사불벌죄이나, 모욕죄는 친고죄이다.

반의사불벌죄

반의사불벌죄는 피해자의 의사에 반하여 처벌할 수 없는 죄로 폭행죄가 반의사불벌죄의 대표적인 예이다.

신용카드 대금이 밀린 경우 사기죄 성립 여부

신용카드로 물건을 구입하거나 현금 서비스를 받은 경우 대금을 결제

하지 못하면 사기죄로 처벌받는다. 신용카드가 여러 가지로 좋은 점이 있지만 구매욕을 저하시키지 못해 과소비가 되는 경우가 많고, 또 카드대금을 결제하지 못해 사기죄로 처벌을 받는 경우가 있으므로 카드를 사용함에는 신중에 신중을 기하여야 한다. 필요 없는 카드는 발급받지 않는 것이 바람직하다.

성범죄

현재의 형법상 처벌 중 가장 엄하게 처벌하는 경우가 성범죄이다. 미성년자에 대한 강간은 살인죄에 버금가는 형의 선고를 하고 있다.

1. 강간

폭행 또는 협박으로 부녀를 강간하는 행위는 3년 이상의 유기징역에 처한다.

흉기 등 위험한 물건을 휴대하거나 2인 이상이 합동하여 강간하는 경우 무기 또는 5년 이상의 징역에 처한다.

2. 강제추행

폭행 또는 협박으로 사람을 추행하는 행위는 10년 이하 징역 또는 200만 원 이하의 벌금형에 처한다.

흉기 등 위험한 물건을 휴대하거나 2인 이상이 합동하여 준강간 또는 준강제 추행하는 경우에는 특수강간죄와 같이 엄하게 처벌하고 있다.

3. 강간 등 치사상

위 종류의 형법상 범죄를 저질러 사람을 죽이거나 부상하게 하는 것은 무기 또는 5년 이상의 징역에 처한다.

업무상 위력 등에 의한 추행은 11년 이하의 징역 또는 500만 원 이하의 벌금에 처한다. 성적목적을 위한 공공장소 침입행위는 1년 이하의 징역 또는 300만 원 이하의 벌금에 처한다. 통신매체를 이용한 음란행위, 카메라 등을 이용한 촬영도 3년 이하의 징역 또는 1천만 원 이상의 벌금형에 처한다.

4. 미성년자 강간

13세 미만의 자에게 강간의 죄를 범한 사람은 무기징역 또는 10년 이상의 징역에 처한다.

가정폭력

가정폭력은 현재의 가족이거나 과거에 가족관계에 있었던 사람들 사이에 일어나는 모든 폭력을 말한다. 가정폭력이 신고 되면, 경찰관은 응급조치로 피해자가 동의를 한 경우 가정폭력상담소나 급박한 경우 긴급임시조치를 신청할 수 있다. 법원은 임시조치로 피해자의 주거공간에서 가해자를 격리(2개월 이내), 피해자에게 100미터 이내의 접근금지(2개월 이내), 의료기관 기타 요양소에 위탁(1개월 이내), 경찰관서나 구치소에 유치(1개월 이내)를 할 수 있다. 검사는 가정폭력사건을 성질, 동기 및 결과에 따라 법원에 보호처분을 받도록 할 수 있다.

직장 내 성희롱의 문제

사업주나 상급자, 동료, 하급자가 여성에게 말이나 행동으로 성적 수치심을 일으키게 하는 것을 성희롱이라고 한다. 성희롱은 성적인 언어나 행동을 상대방이 원하지 않는데 한 번이나 반복적으로 하면 성립한다.

1. 육체적 성희롱의 유형은 회식자리 등에서 입맞춤을 하거나 포옹하

는 등 신체적인 접촉을 하는 행위, 안마를 강요하는 행위, 엉덩이 등 특정부위를 만지는 행위

2. 언어적 성희롱의 유형은 음담패설, 옷차림과 신체와 외모에 대한 성적인 비유나 평가, 음란한 내용의 전화 통화, 회식자리에서 무리하게 옆에 앉히고 술을 따르도록 강요하는 행위

3. 시각적 성희롱의 유형

외설적인 사진이나 책 등으로 타인에게 성적 불쾌감을 초래하고 그러한 감정을 표현하는 행위

성희롱행위가 있을 시 거부의사를 분명히 하고, 계속될 시 노동부에 진정 또는 고발을 하고 심하면 형사고소와 민사소송을 제기한다.

사업주는 직장 내에서 성희롱예방교육을 실시하여 사전에 성희롱을 예방하고, 성희롱에 대한 고충처리기관을 설치해 성희롱의 예방장치를 설치해야 한다.

청소년범죄

인터넷 등 매스컴으로 인한 범죄에 쉽게 접근할 수 있어 학교폭력 등 청소년들의 범죄가 날로 흉포화되고 늘어나 사회적인 문제가 되고 있다.

그러나 청소년은 성인과 달리 아직 신체적, 정신적으로 미숙한 단계에 있기 때문에 처벌보다 교육적인 목적이 강조되어야 한다. 따라서 청소년범죄에 대하여는 일반인과는 달리 특별한 사항들이 있다.

1. 우범소년

연령적으로 미숙하여 집단적으로 몰려다니며 주위 사람들에게 불안감을 조성하는 성벽이 있거나, 정당한 이유 없이 가출하거나, 술을 마시

고 소란을 피우거나, 유해환경에 접하는 사유가 있고, 성격이나 환경에 비추어 앞으로 형벌 법령에 저촉되는 행위를 할 우려가 있는 10세 이상 19세 미만의 소년을 우범소년이라고 한다.

2. 촉법소년

우리 형법은 14세가 되지 않는 경우에 형사처벌을 못한다. 따라서 형법에 저촉되는 행위를 하였지만 형사책임 능력이 되지 않기 때문에 형벌을 부과할 수 없는 만 10세 이상 14세 미만의 소년을 촉법소년이라고 한다.

3. 범죄소년

범죄행위를 한 14세 이상 19세 미만의 소년을 말한다.

4. 청소년 범죄사건의 처리과정

경찰은 촉법소년이나 우범소년을 조사한 경우 검찰을 거치지 않고 직접 소년법원에 사건을 보내야 한다. 그러나 범죄소년에 대하여는 사건을 소년법원으로 보내지 않고 검찰로 송치하여야 한다. 검찰은 소년사건이 벌금 이하의 형에 해당하는 범죄이거나 보호처분에 해당하는 사유가 있다고 인정한 경우에는 소년법원에 사건을 송치하여 보호사건으로 처리한다. 그렇지 않은 경우에는 일반 법원에 기소하여 일반 성인범죄자와 동일하게 처리한다. 검사는 재범가능성이 적고 선도보호의 필요성이 있는 경우에는 선도조건부 기소유예처분을 한다.

청소년보호법

미래의 주역인 청소년을 보호하기 위해 1997년부터 청소년보호법이 제정되었다. 이법의 주요내용을 보면 청소년에게 해가 되는 매체물과 약물 등이 유통되는 것과 청소년이 유해업소에 출입하는 것을 강력하게 규제하고 있으며, 폭력, 학대 등 각종 유해환경으로부터 청소년을 보호, 구제할 수 있도록 각종 제도적인 장치가 마련되어 있다. 여기서 청소년은 19세 미만의 남녀를 말한다.

1. 청소년의 유해업소 출입금지

노래방(청소년의 출입이 허용되는 시설을 갖춘 업소는 제외), 유흥주점, 단란주점, 비디오 감상실, 무도학원, 무도장 등은 청소년을 출입시키면 처벌 대상이다.

2. 청소년 고용 금지업소

청소년 출입이 금지된 업소에 청소년을 고용하여서는 안 되며, 숙박업, 이용업(법령으로 금지되지 않은 곳은 제외), 유독물 제조판매업, 티켓다방, 소주방, 호프집, 카페, 만화대여업, 일반게임장, 비디오물 대여업 등에는 청소년의 고용이 금지되어 있다.

청소년 대상 범죄자의 신상공개

청소년의 성을 사는 행위 등 청소년을 상대로 성폭행(강간, 강제추행), 성 매수, 성 매수자 알선, 아동포르노 제작 수입 수출, 아동 청소년 인신매매 행위를 하여 형사판결이 선고되어 확정된 자는 신상과 범죄의 주요 사실을 공개하게 되어 있다. 신상 등 공개 처분에 불복하고자 할 때에는 행정심판법과 행정소송법 등의 규정에 따라 이의를 제기할 수 있다.

경범죄(가벼운 범죄)

관할 경찰서장은 경범죄처벌법상 범칙행위와 도로교통법상 교통법규 위반자에 대하여 범칙금을 납부할 것을 통고처분할 수 있다.

부과된 범칙금을 납부하지 않을 경우 즉결심판에 회부하고, 법원은 벌금, 구류, 과료 처분을 할 수 있다.

범칙금 대상은

1. 담배꽁초, 껌, 휴지, 쓰레기 등을 함부로 버린 행위

2. 길이나 공원 등 여러 사람이 있는 곳에서 함부로 침을 뱉거나 대소변을 보는 행위

3. 개 등 짐승을 끌고 와 대변을 보게 하고 이를 수거하지 아니한 행위

4. 싫다고 하는데도 되풀이하여 단체 가입을 억지로 청한 행위

5. 공원, 명승지, 유원지 등에서 함부로 풀, 꽃, 나무, 돌 등을 꺾거나 글씨를 새기는 행위

6. 정당한 이유 없이 다른 사람을 전화 또는 편지로 되풀이하여 괴롭힌 행위

7. 담배를 피우지 못하도록 표시된 곳에서 담배를 피운 행위

8. 정당한 이유 없이 길을 막거나 시비를 거는 행위

9. 몹시 거칠게 겁을 주는 말 또는 행동으로 다른 사람을 불안하게 하거나 귀찮고 불쾌하게 한 행위

10. 여러 사람이 이용하거나 다니는 공공장소에서 고의로 험악한 문신을 노출시켜 타인에게 혐오감을 준 행위

11. 악기, 라디오, 텔레비전 등의 소리를 지나치게 크게 내는 행위

12. 큰소리로 떠들거나 노래를 불러 이웃을 시끄럽게 한 행위

13. 근거 없이 신기하고 용한 약방문인 것처럼 내세워 사람들의 마음을 홀리게 한 행위

14. 여러 사람의 눈에 띄는 곳에서 함부로 알몸을 지나치게 내놓거나

속까지 들여다보이는 옷을 입는 행위

15. 가려야 할 곳을 내놓아 다른 사람에게 부끄러운 느낌이나 불쾌감을 준 행위

16. 경기장, 역, 정류장 등 사람들이 줄을 서고 있을 때 새치기하거나 떠민 행위

17. 다른 사람 또는 단체의 집 등에 합부로 광고물을 붙이거나 글씨를 쓰는 행위

그밖에도 암표매매, 업무방해, 허위광고, 허위신고, 무단출입, 지문채취불응, 야간통행제한위반 사건 등이 경범죄로 처벌 대상이 된다.

불심검문

경찰관은 거동이 수상하거나 주변사정으로 미루어 판단할 때 범죄행위자로 의심되는 상당한 이유가 있거나 어떤 범죄행위에 대하여 알고 있다고 짐작이 가는 자를 정지시켜 행선지나 용건, 성명, 주소, 나이 등을 물을 수 있다.

간혹 경찰관이 불심검문을 하면서 소지품을 검사하는 경우도 있는데, 경찰관은 이때 자신의 소속과 성명을 밝히고 경찰공무원증을 제시하여야 하고 불심검문이나 소지품 검사의 목적과 이유를 설명하여야 한다. 불심검문 대상자가 불심검문이나 소지품 검사를 거부하면 강제로 할 수 없다.

자동차 검문

경찰관은 범죄의 예방과 검거를 목적으로 통행중인 자동차를 정지하게 하여 운전자 또는 동승자에게 질문하는 것을 자동차 검문이

라고 한다. 자동차 검문에는 도로교통법 위반의 단속을 위한 교통
검문, 불특정한 일반 범죄의 예방과 검거를 목적으로 하는 경계검문,
특정의 범죄가 발생했을 때에 범인의 검거와 수사정보의 수집을 목적
으로 하는 긴급수배 검문이 있다.

임의동행

경찰관은 불심검문이 이루어진 장소에서 질문하는 것이 상대방에게 불
리하거나 교통을 방해한다고 인정될 때에는 경찰관서까지 동행을 요구할
수 있다. 동행을 요구할 때에는 동행의 이유와 동행 장소를 밝혀야 한다.
동행을 한 때에는 가족이나 친지에게 동행의 이유와 동행한 경찰관의 신
분을 밝혀 주어야 한다. 경찰관은 6시간을 초과하여 임의동행할 수 없
다. 6시간이 지나기 전에 보내주어야 한다.

임의동행은 상대방의 승낙이 있어야 한다. 경찰관이 임의동행을 요구
하더라도 이를 거절할 수 있고, 임의동행에 응하였더라도 언제든지 마음
대로 경찰관서에서 나올 수 있다.

교통사고 발생시 유의사항

이제 자동차는 우리 생활에서 없어서는 안 될 중요한 한 부분을 차지
하고 있다. 자동차는 참으로 편리하고 좋으나 조금만 방심하면 사고로
여러 사람을 다치게 하거나 죽게 할 수 있는 아주 위험한 물건이다. 우리
가 언제든지 당할 수 있는 교통사고 발생시 어떻게 처리하는 것이 올바
른지를 알아보자.

교통사고가 발생하면 우선 사고차량의 운전자나 동승자는 자기 또는

상대방에게 과실이 있든 없든 즉시 차를 세우고 사상자를 구호하는 등 필요한 조치를 취해야 한다. 만일 이러한 구호조치를 취하지 아니하면 사고에 아무런 잘못이 없다고 하더라도 처벌을 받을 수 있다.

신고는 사상자의 구호조치가 끝난 다음, 즉시 경찰관서 또는 112에 신고하여야 한다. 단, 인명피해가 없고 자동차만 다친 경우 신고의무가 면제된다. 그러나 인명피해가 있는데도 구조의무를 다하지 않고 현장을 피했을 경우 뺑소니로 몰리게 되고, 뺑소니 혐의가 인정되면 비록 자동차종합보험에 가입이 되었거나 피해자와 합의를 하였더라도, 특정범죄가중처벌 등에 관한 법률에 의하여 중한 처벌을 받게 된다.

교통사고가 발생하면,

(1) 사고발생 즉시 정차하여 사고로 다친 사람이 없는지 확인한다. 절대로 차를 사고 장소에서 움직여서는 안 된다.

(2) 운전자의 운전면허증 또는 명함 등을 교부하여 신분, 전화번호 등을 확인한다.

(3) 본인도 다친 경우에는 일행이나 주변인의 도움을 받아 후송조치한다.

(4) 경찰관서와 보험회사에 연락을 하여 사고접수를 한다.

(5) 피해자가 괜찮다고 대답할 경우에도 연락처, 신분 확인을 반드시 한다.

교통사고를 내면 어떤 처벌을 받나

교통사고로 피해자가 사망한 경우 자동차종합보험이나 피해자 측과의 합의와 관계없이 교통사고처리특례법에 의거 형사입건되어 처벌을 받게 된다. 단, 피해자나 유족 측과 합의한 경우에는 처벌이 경감된다.

사망사고가 아닌 피해자가 부상을 입었거나 대물사고인 경우 운전자가 자동차종합보험에 가입되어 있거나 피해자와 합의를 하였다면 형사처벌은 면제가 되고 도로교통법에 의하여 벌점 및 범칙금을 부과받게 된다. 그러나 인명사고의 경우 교통사고처리특례법에 규정된 10대 중요 위반사고의 경우에는 자동차종합보험가입 여부와 피해자와 합의와 관계없이 형사처벌을 받는다.

10대 중요 위반사고의 유형은,

 (1) 교통신호기 또는 교통정리를 위한 경찰관 등의 신호나 통행금지 또 는 일시정지를 내용으로 하는 안전표시가 표시하는 지시에 위반한 경우

 (2) 중앙선을 침범하거나 고속도로 또는 자동차전용도로에서 횡단, 후진, 회전을 위반한 경우

 (3) 제한속도를 20킬로미터 초과하여 운전한 경우

 (4) 앞지르기 방법 또는 금지 위반의 경우

 (5) 철길건널목 통과 방법 위반의 경우

 (6) 횡단보도상의 보행자보호의무 위반의 경우

 (7) 무면허 운전

 (8) 음주운전, 또는 약물을 복용하고 운전한 경우

 (9) 보도 침범 또는 보도 횡단 방법 위반의 경우

 (10) 승객 추락 방지 의무 위반의 경우(개문 발차)

음주운전자의 처벌

지금 농촌에서 가장 문제가 되고 있는 것이 음주운전이다. 일상생활의

교통수단이 자동차이다 보니 힘든 농사일을 하면서 술을 마시게 되고, 음주를 한 상태에서 트랙터 등 농기계와 차를 몰고 다닐 수밖에 없는 실정이다. 그렇다고 농사일을 하는 사람을 음주운전처벌 규정에서 예외로 둘 수도 없다. 음주운전은 단순히 음주자 본인에게만 피해가 가는 게 아니라 남을 다치게 하는 경우가 허다하고, 심하면 사망사고까지 가는 경우도 있어 교통사고를 접하다 보면 참으로 안타까울 때가 많다. 또 음주측정에 단속이 되면 면허가 정지되거나 취소되고 벌금도 많이 나와 적지 않은 부담이 된다. 따라서 음주운전은 절대 안 된다. 술을 마시면 운전을 하지 않는다는 습관이 되어 있어야 한다.

음주운전의 단속 대상은 혈중알콜농도 0.05 이상이 형사처벌 대상인데 혈중알콜농도 0.05 ~ 0.09까지 운전면허 100일이 정지되고, 100만 원 정도의 벌금이 나온다.

혈중 알콜농도 0.10 이상인 자는 면허가 취소되고, 그 수치에 따라 몇 백 만 원의 벌금이 나온다.

경찰관의 음주측정에 불응하는 경우에는 음주측정불응죄가 성립하므로 경찰관의 음주측정요구가 있으면 응하여야 한다. 음주측정 불응 자체만으로도 면허가 취소된다.

음주운전은 형사입건하게 되어 있고, 그 정도에 따라 2년 이하의 징역이나 1,000만 원 이하의 벌금형을 받게 된다.

형사처벌을 좀 더 상세히 알아보면,

    (1) 혈중알콜농도 0.05% 이상 0.1% 미만은 벌금 100만 원~200만 원 정도

    (2) 혈중알콜농도 0.1% 이상 0.2%까지는 벌금 200만 원~300만

원 정도

(3) 혈중알콜농도 0.2% 초과 0.35%까지는 벌금 300만 원~500만 원 정도

(4) 혈중알콜농도 0.35% 초과하거나 음주 3회 이상 적발(삼진아웃)의 경우나 무면허 음주인 경우에는 벌금형이 아닌 징역형으로 처벌받고 경우에 따라서는 구속수사를 받게 된다.

음주운전으로 약식명령을 받은 경우, 무죄를 주장하거나 벌금이 과다해 불복하는 경우 약식명령을 받은 날부터 7일 이내에 정식재판을 청구할 수 있다. 정식재판을 청구하면 법정에 출석해 재판을 받아야 한다.

교통사고와 배상합의

종합보험에 가입이 되어 있는 상태에서 가벼운 교통사고를 냈다면 별도의 합의 없이 보험으로 처리를 하면 된다. 그러나 사망사고와 같이 10대 중요 위반사고로 중한 피해를 입은 경우에는 가해자와 피해자 사이에 합의가 필요한 경우가 발생한다. 이런 경우에는 피해자가 법적인 절차를 밟기 전에 합의를 하는 것이 좋다. 쌍방의 합의로 피해자는 소송비용을 줄이고 가해자는 형사처벌에서 감경을 받을 수 있다.

합의시 가해자는 피해자에게 사과를 분명히 하는 등 진정성 있는 성의를 보여야 한다.

사고시 서로 간에 이성적으로 대화하면서 감정 대립을 피해야 한다. 합의시에는 법률을 잘 아는 사람에게 중재를 맡도록 하는 것이 좋다.

사기와 고소

우리가 사회생활을 하면서 서로 간에 돈 관계를 맺지 않을 수 없다. 빌려갈 때는 사이가 좋았다가 돈을 갚지 못해 사이가 급격히 나빠지는 경우가 많고 급기야는 사기로 고소를 하는 경우도 있다. 사기죄의 개념은 '고의로 타인을 속여 이에 속은 상대방으로부터 재물이나 재산상의 이득을 취해야 성립한다.' 여기서 고의라는 것이 본인이 인정을 하지 않는 한 성립하기가 어렵다. 예를 들어 "돈을 빌릴 당시에는 갚을 의사와 갚을 능력이 있었다."라고 한다면 고의로 인정되기가 참 어렵다. 또 타인을 속인다는 것에 대하여 "속일 의사가 없었다."고 한다면 어떤 잣대를 가지고 사기라고 하여야 하는지가 문제가 된다.

법원의 판례는, 편취는 피고소인이 자백하지 않는 이상 범행 전후의 판단으로 피고소인의 환경, 범행의 내용 등 객관적인 사항들을 종합하여 구체적으로 판단을 해야 하고, 타인을 속이는 행위는 재산거래 관계에 있어 서로 지켜야 할 신의성실의 의무를 저버리는 적극적인 행위와 소극적인 행위가 기망행위에 해당하는지 여부를 가려 판단을 하고 있다.

민사소송 절차가 복잡하고 시간과 경비가 많이 든다는 이유로 형사로 고소를 하는 경우가 종종 있는데 사기로 성립이 되는 경우는 많지 않다. 따라서 민사소송 절차를 이용한 것이 적절하다.

국민참여재판제도란

국민이 배심원으로 참여를 하여 재판부에 독립적인 의견을 제시하는 형사재판을 말한다.

배심원의 선발은 주민등록을 토대로 만들어진 배심원후보자명부에서 일정한 인원에게 통지를 한 후 출석자를 상대로 배심원을 선발한다. 단, 전과가 있는 사람, 군인, 경찰, 검찰, 법원 직원은 배제된다.

배심원은 사실의 인정, 법령의 적용 및 형의 양정(형의 량을 정하는 것)에 관한 의견을 제시할 권한이 있다. 그렇다고 판사는 배심원의 결정에 구속되지 않는다.

재판의 불복

재판을 선고받고 불복인 경우 상급법원에 상소를 하게 되는데, 1심 재판에 대한 불복을 항소라고 하고 2심 재판에 대한 불복을 상고라고 한다. 상소기간은 형사의 경우 재판의 선고를 받은 날부터 7일이다(민사의 경우 판결을 송달받은 날부터 14일이다). 상소는 피고인, 피고인의 배우자, 직계친족, 형제자매, 또는 원심 법원의 대리인이나 변호인도 피고인을 위하여 상소할 수 있다.

원칙적으로 피고인이 한 상소의 경우 상소심에서 원심법원보다 무거운 형을 선고할 수 없다. 이를 상소불이익금지의 원칙이라고 한다. 검사가 상소를 제기한 경우에는 상소심에서 원심보다 무거운 형을 선고할 수 있다.

상소심 외에 재심제도가 있는데 확정된 판결에 대하여 새로운 증거가 발견되었을 시 재심을 청구할 수 있다.

형의 집행

법원에서 선고한 재판이 확정된 경우 형을 집행하게 된다. 형의 집행은 법무부 산하의 교도소, 구치소 등에서 한다.

형이 선고된 내용에 따라 현실적으로 집행된 경우를 형의 집행종료라고 한다. 이와 달리 형이 집행되는 도중에 이를 중지하고 더 이상 형의 집행을 하지 않기로 하는 조치를 형의 집행의 면제라고 한다. 형의 집행을 중지하는 것을 가석방이라고 한다. 가석방은 무기징역은 10년 이상, 유기징역은 형기의 3분의 1 이상 경과한 후에 개전의 정이 현저한 경우에 가석방을 하는 경우가 있는데 가석방 기간 동안 보호관찰을 받게 된다. 이러한 기간이 무사히 경과하면 형의 집행을 종료한 것으로 본다. 가석방제도는 수형자의 사회 복귀를 용이하게 하고 형 집행에 있어서 구체적 타당성을 살리기 위한 제도이다.

범죄피해자 구조와 피해자의 보호

사람의 생명 또는 신체에 해를 끼치는 범죄 행위로 인하여 피해를 당하였으나 가해자로부터 피해에 대한 보상을 기대하기 어려운 경우 국가에서 피해자 또는 유족에게 일정한 한도의 구조금을 지급하는 제도를 범죄피해자 구조제도라고 한다. 범죄피해 구조금은 피해자가 범죄 피해의 발생을 안 날로부터 2년, 범죄피해가 발생한 날로부터 5년 이내에 그 주소지 또는 범죄 발생지를 관할하는 지방검찰청에 설치된 범죄피해구조심의회에 신청해야 한다. 구조금은 유족구조금의 경우 1,000만 원을 지급하고, 장해구조금은 장해의 정도에 따라 1급의 경우 600만 원, 2급의 경우 400만 원, 3급의 경우 300만 원이 지급된다.

범죄피해자의 권리를 보호하기 위하여 '범죄피해자보호법'을 제정하였다. 범죄피해자 지원을 위한 민간단체로서 범죄피해자지원센터를 운영하고 있다. 보호의 내용을 보면 범죄발생 직후 신체적, 정신적, 경제적 피해로 인하여 심리적으로 불안한 상태에 놓인 피해자의 어려움을 해소하기 위하여 범죄피해자 보호 지원기관에서는 상담을 실시해 경제적인 지원 등 여러 가지의 지원을 해주고 있다.

특정범죄신고자구조제도

특정범죄신고자구조제도란 일반인이 안심하고 자발적으로 특정범죄에 대한 형사 절차에 협조할 수 있도록 하기 위해, 범죄 신고로 인하여 보복을 당할 우려가 있는 범죄 신고자 또는 그 친족 등에게 국가가 보좌인을 지정하고, 경찰서장으로 하여금 신변안전 조치를 취하게 함과 아울러 생활비지급 등을 통해 범죄 신고자를 보호하는 제도이다.

신청방법은 특정범죄의 신고, 고발, 고소, 진정 등으로 인하여 생명 또는 신체에 대한 위험이나 재산 등에 대한 피해를 입거나 입을 우려가 있다고 인정할 만한 충분한 이유가 있는 범죄 신고자, 또는 그와 밀접한 관계에 있는 친족과 동거인 등이 지방검찰청 범죄 신고자 등 구조심의회에 신청을 한다. 심의위원회에서는 신청의 내용에 따라 보좌인 지정, 신변안전조치, 구조금 지급 등의 조치를 한다.

특정범죄란,

(1) 살인, 약취유인, 강간, 강제추행, 강도, 범죄단체의 구성 등에 관한 죄 중 특정강력범죄에 해당하는 경우

(2) 마약류 수출입·제조, 매매나 매매의 알선 등 마약류 불법 거래에 해당하는 범죄

(3) 폭력행위 또는 절도를 목적으로 하는 범죄단체의 구성, 가입 또는 그 단체의 활동과 관련된 범죄

형사 절차에서의 외국인에 대한 권익보호

현재 우리나라에는 산업근로인력이 부족하여 외국의 근로자들이 많이 들어와 있다. 이들이 국내에서 생활을 하면서 여러 가지로 문제점이 많이 발생되는데 그중에서 형사문제로 재판을 받는 외국인도 날이 갈수록 늘어나고 있는 실정이다. 이에 외국인에 대한 방어권과 인권을 보호해주기 위한 제도이다.

형사 절차에서 외국인에 대한 권익보호를 위해 각 법원마다 통역인과 번역인을 두고 있다. 피고인이 자국어로 번역된 공소장을 받아 보고 법정에서는 자국어를 통역하는 통역인으로 하여금 충분히 진술할 수 있도록 보장해주고 있다.

형사보상제도

형사보상제도란 형사 피의자 또는 피고인으로 구금되었던 자가 불기소처분 또는 무죄판결을 받은 때에 국가에 대하여 보상을 청구하는 제도를 말한다. 형사보상청구를 할 수 있는 자는 무죄, 면소, 또는 공소기각의 재판을 받은 자, 또는 기소유예 이외의 불기소 처분을 받은 피의자이다. 형사보상 청구는 보상 대상 재판이 확정되거나 검사로부터 불기소처분의 고지 또는 통지를 받은 날부터 1년 이내에 청구해야 한다.

보상금액은 보상청구의 원인이 발생한 연도의 일급 최저임금액의 5배에 구금일수를 곱한 금액이다. 사형집행에 대한 보상금은 집행 전 구금에 대한 보상금뿐만 아니라 3,000만 원 이내에서 모든 사정을 고려하여 법원이 상당하다고 인정하는 금액을 더하여 보상한다.

벌금과 과료의 집행에 대한 보상에 있어서는 이미 징수한 벌금 또는 과료의 금액에 징수일의 다음날부터 보상결정일까지의 일수에 따라 연 5%의 비율에 의한 금액을 더하여 보상한다. 몰수에 대한 보상은, 몰수는 몰수물을 반환하고 몰수물이 처분되었을 시에는 보상결정시의 시가로 보상한다. 추징금에 대하여는 추징한 액수에 징수한 다음 날부터 보상 결정일 까지의 일수에 따라 연 5%의 비율에 의한 금액을 더하여 보상한다.

배상명령제도

배상명령제도란 형사사건의 피해자가 범인의 형사재판 과정에서 간편한 방법으로 민사로만 청구할 수 있는 금전배상을 형사 절차에서 청구하는 것을 말한다.

배상명령을 신청하기 위해서는 피해자나 그 상속인이 1심 또는 2심 형사소송 절차에서 변론이 종결될 때까지 배상명령신청서를 사건을 심사하는 법원에 제출해야 한다. 피해자가 증인으로 법정에 출석할 때에는 별도의 신청 없이 법정에서 말로써 배상신청을 할 수 있다. 배상명령의 형사판결문은 민사판결문과 동일한 효력이 있어 강제집행도 할 수 있다. 배상명령에 대하여 피고인이 불복할 경우 유죄판결에 대하여 상소하는 방법과 배상명령에 대하여 즉시 항고를 할 수 있다. 배상명령은 특정의 형사사건에 대하여만 신청을 할 수 있다.

배상명령을 신청할 수 있는 사건

　　(1) 상해를 당했을 때

　　(2) 상해를 당해 불구가 되거나 난치병에 걸렸을 때

　　(3) 폭행을 당하여 상처를 입거나 사망했을 때

　　(4) 과실 또는 업무상 과실로 상처를 입었거나 사망했을 때

(5) 절도나 강도를 당했을 때

(6) 사기나 공갈을 당했을 때

(7) 횡령이나 배임의 피해자일 때

(8) 재물을 손괴당했을 때

전과기록에 대하여

확정판결로써 유죄의 선고 또는 형의 선고가 내려졌다는 사실을 가리켜서 전과라고 한다. 따라서 전과는 어느 사람이 가지고 있는 범죄의 경력을 의미하는 것이다. 이러한 전과를 확인하기 위하여 작성된 기록을 전과기록이라고 하고 '형의 실효 등에 관한 법률'을 통하여 관리되고 있다.

'형의 실효 등에 관한 법률'에서는 전과기록을 수형인명부, 수형인명표, 범죄경력자료로 구별하고 있다.

1. 수형인명부

수형인명부는 자격정지 이상의 형을 받은 수형인을 기재한 명부로 검찰청 및 군검찰부에서 관리하고 있다.

2. 수형인명표

수형인명표는 자격정지 이상의 형을 받은 수형인을 기재한 명표로서 수형인의 본적지 시·군·구·읍 면사무소에서 관리하고 있다.

3. 수사자료표

수사자료표는 경찰청이 관리하는 서류 중에서 수사기관이 피의자의 지문을 채취하고 피의자의 인적사항과 죄명 등을 기재한 표를 말한다. 이러한 수사자료표에는 법원의 판단을 받은 사건뿐 아니라 수사 절차에서 종결된 사건도 기록되어 있다.

벌금·구류·과료 몰수의 형을 선고받은 경우에는 '수형인명부'나 '수형인명표'에는 기재되지 않으므로 신원조회시나 신원증명서에 그런 형을 받은 사실이 나타나지 않게 된다. 비록 '수사자료표'에는 이런 형을 받은 사실도 기재되어 있지만 수사나 재판과 같이 제한된 경우에만 허용되기 때문에 사회생활을 하는 데 별다른 불이익을 받지 않게 된다. 그러나 자격정지 이상의 전과는 '수형인명부'와 '수형인명표'에 기록되기 때문에 사회생활에 지장을 초래하게 된다.

전과의 효과

전과는 법적 생활에서 여러 가지 불이익을 발생시킨다. 공무원의 임용자격이 제한되고 선거권·피선거권이 제한되기도 한다. 또한 선고유예나 집행유예가 제한되고 경우에 따라서는 범죄를 반복적으로 저지르는 경우(누범)에는 정한 형의 장기의 2배가 가중되게 된다.

김영란법(청탁금지법) 해설

1. 입법목적

공직자가 떡값, 식대, 촌지 등의 명목으로 금품을 수수하여도 '직무관련성 및 대가성'이 없다면 형사 처벌할 수가 없었다. 이에 따른 공직자와 일반 국민 간에 만연되어 있는 청탁성 부정한 행위를 막아 공직자의 공정한 직무수행을 보장하고, 국민과 공직자와의 신뢰관계를 확보해서 선진국가로 나아가자는 취지에서 '부정청탁 및 금품 등 수수의 금지에 관한법률'이 제정되었다.

2. 적용대상

(1) 국가기관 및 지방자치단체

국회, 법원, 헌법재판소, 선거관리위원회, 감사원, 국가인권위원회, 중앙행정기관과 그 소속기관 및 지방자치단체에 소속된 모든 공무원

(2) 공직자윤리법상 공직유관단체

한국은행, 공기업, 정부출자·출연·보조를 받은 기관 및 단체, 지방공기업법에 따른 지방공사·지방공단 및 지방자치단체의 출자·출연·보조를 받은 기관 및 단체, 지방자치단체의 업무를 위탁받아 수행하거나 대행하는 기관·단체, 임원선임 시 중앙행정기관의 장 또는 지방자치단체의 장의 승인·동의·추천·제청 등이 필요한 기관·단체나 중앙행정기관의 장 또는 지방자치단체의 장이 임원을 선임·임명·위촉하는 기관·단체

(3) 공공기관의 운영에 관한 법률 소정의 기관

'공공기관의 운영에 관한 법률' 제4조에 따른 기관

(4) 법령에 따라 설치된 각급 학교

(5) 언론사

3. 법 적용대상자

(1) 공직자

(2) 공직자의 배우자

(3) 공무수행사인(중앙정부 및 지방자치단체의 각종 위원회의 위원)

(4) 일반국민(공직자 또는 그 배우자에게 금품을 제공한 사람)

(5) 외국인(속지주의에 따라 외국인도 해당)

4. 금지되는 금품 등

(1) 재산적 이익

(2) 접대·향응 또는 편의 제공

(3) 경제적 이익 등(채무면제, 취업 제공, 이권 부여 등 유형 및 무형의 이익 제공)

(4) 성접대 및 성 제공

5. 금지되는 부정청탁 행위

공직자가 수행하는 모든 행위에 대한 부정한 청탁

6. 부정청탁의 신고 및 처리

(1) 부정청탁의 거절의무

청탁자에게 부정한 청탁임을 알리고 거절의 의사표시를 하여야 한다.

(2) 소속기관장에게 신고의무

부정한 청탁을 받은 공직자가 거절의 의사표시를 하였음에도 다시 동일한 부정청탁을 한 경우 소속기관장에게 서면으로 신고하여야 한다.

(3) 소속기관장의 확인 및 조사의무

소속기관의 장은 부정청탁에 해당하는 지를 신속히 조사 확인한 후 적절한 조치를 취해야 한다.

7. 징계 및 벌칙

(1) 징계

기관의 장은 부정청탁법 위반사항이 경미한 경우 징계처분을 하여야 한다.

(2) 벌칙 규정

위반사항이 중한 경우 형사처벌 대상이다.

Part **04**

행 정 편

행정구제

행정구제란 행정행위나 행정처분 등 행정작용으로 피해를 입었을 때 구제를 받을 수 있는 제도를 말한다. 여기서 말하는 행정구제는 잘못된 행정뿐만 아니라 그 절차가 정당한 행정에 대하여도 손해를 입었을 시 피해자를 돕는 것을 말한다. 행정구제의 방법으로는 손해가 발생하기 전에 미리 행정청에 진정하는 청원이나 민원처리 등이 있고, 손해가 발생하고 난 후 행정상 손실보상과 행정상 손해배상이 있다.

1. 행정상 손실보상이란

적법한 행위로 인해 손실이 발생했을 경우에 그 피해를 보상해 주는 것이다. 예컨대 도로를 내기 위해 토지를 수용하는 경우 토지소유자는 공공의 이익을 위해 자신의 재산을 포기해야 한다. 이때 그 보상액은 개인의 재산상 손실에 대해 합리적으로 계산된 정당한 보상이 되어야 하고, 침해된 일반적인 값어치 및 이사비용, 영업상 손실까지 포함되어야 한다.

행정상 손실보상 절차는,

보상대상물건조사 → 보상계획공고 및 개별통지 → 감정평가 및 보상액 산정 → 보상금협의 통지 및 보상금 지급 → 수용재결 신청 → 재결금 지급 또는 공탁 → 이의 재결 → 행정소송순이다.

2. 행정상 손해배상

행정상 손해배상이란 개인이 국가 또는 지방자치단체 등의 법에 반하는 활동에 의해 입은 손해를 배상해 주는 제도이다. 다시 말하면 공무원의 위법부당한 행위로 인하여 피해를 입었을 경우 국가나 지방자치단체를 상대로 손해배상을 청구하고 국가나 지방자치단체는 위법 부당한 행위를 한 공무원에게 구상권을 행사하게 된다.

생활 환경권

사람은 누구나 쾌적한 환경에서 생활하기를 원하고 또 이에 대한 권리를 보장하고 있다. 환경권은 이러한 권리가 침해되었을 때 그 보호를 국가에 대하여 요구할 권리와 국민이 환경권을 파괴하거나 환경을 침해할 때 처벌이나 손해배상을 요구할 수 있는 권리를 말한다.

환경권을 침해당했을 때는 가해자 및 침해결과에 따라 형사고발 고소, 민사소송, 행정소송의 사법적 절차와 환경부 산하 환경분쟁조정위원회에서 담당하는 환경분쟁조정제도를 이용할 수도 있다.

1. 형사고소, 고발

환경오염을 유발한 당사자를 수사기관에 고소 또는 고발하는 것을 말한다. 공장에서 폐수를 흘려보내 식수에 문제가 있는 경우 등과 같이 생활에 지장을 초래하는 경우에 개인 또는 단체가 고소, 고발로 바로 잡을 수 있다.

2. 환경분쟁조정제도

환경분쟁조정제도는 행정기관이 환경분쟁에 적극 개입함으로써 환경분쟁을 신속하고 공정하게 해결해 줄 수 있는 행정상 구제 절차이다. 소송에 의한 구제는 전문가가 없으면 피해자가 재산상 피해에 대해 증명하기가 어렵고, 비용과 시간도 많이 드는 단점이 있으나 조정제도를 이용하면 입증부담을 덜고 적은 비용으로 보다 신속한 해결을 할 수 있다.

3. 민사소송

개인이나 법인(주식회사)의 환경권 침해에 대한 예방 또는 제거를 구하는 소송으로서 유지청구와 손해배상청구가 있는데, 유지청구는 일조권 침해 등을 발생시킬 우려가 있는 공사에 대하여 그 진전을 막는 청구이다. 손해배상청구는 환경피해에 따른 재산상 또는 신체상의 피해에 대해 법의 규정에 따라 그 배상을 요구하는 것이다.

4. 행정소송

환경을 침해한 당사자가 행정청인 경우 행정소송을 제기하게 된다. 다른 내용은 민사소송의 내용과 같다.

5. 헌법소원 제기

국민의 기본권의 구제 절차와 같이 환경오염으로 인해 생활권을 침해받은 국민은 헌법소원을 제기하여 구제를 받을 수 있다.

음주운전과 행정처분(운전면허 정지와 취소)

음주운전에 적발되면 우선, 가장 중요한 것이 혈중알콜농도 측정이다.

혈중알콜농도의 측정은 입으로 부는 호흡기 측정과 피를 뽑는 채혈 측정이 있다. 호흡기 측정에 불만이 있어 채혈 측정을 원하는 사람이 있는데 사실 호흡기 측정보다 채혈측정이 수치가 높게 나오는 경우가 많다는 것을 알아야 한다.

음주운전으로 인한 처벌은 행정처벌과 형사처벌이 있다.

행정처벌에는 운전면허의 정지와 취소가 있는데, 운전면허 정지는 100일 이내이다. 운전면허가 취소되면 운전면허를 취득할 수 없는 결격기간이 1년에서 5년간 주어진다.

행정처벌은 혈중알콜농도를 기준으로 하여,

(1) 혈중알콜농도 0.05% 미만은 처벌 대상이 아니다.

(2) 혈중알콜농도 0.05% 이상 0.1% 미만은 운전면허 100일 정지 처분을 받는다.

(3) 혈중알콜농도 0.1% 이상일 경우와 음주측정을 거부한 때에는 자동차운전면허취소 처분을 받는다.

(4) 운전면허결격기간은 보통 1년간이며 3회 이상 음주운전이나 음주측정을 거부할 때 그리고 무면허운전(정지나 취소 기간 중에 운전)에는 2년간 결격기간이 주어지고, 주취운전으로 사람을 사상케 하고 뺑소니일 경우에는 5년간 결격기간이 주어진다.

운전면허정지 또는 취소처분의 구제방법

운전면허가 정지 또는 취소되어 억울하여 불복하고 싶으면, 면허정지 또는 취소를 받은 후 60일 내에 지방경찰청에 이의신청을 하거나 처분통지를 받은 날부터 90일 이내에 행정심판을 청구할 수도 있다. 행정심판에서는 운전면허가 생계수단인 경우와 생활에 꼭 필요한 경우일 때 구제를 받을 수 있다. 여기서 받아들여지지 않을 경우 지방경찰청장을 상대로 법원에 행정소송을 제기할 수 있다.

행정심판은 국민권익위원회 산하 중앙행정심판위원회에서 심리하고 이의신청은 각 지방경찰청 이의신청심의위원회에서 심의한다.

구제받을 수 있는 기준은 생계형, 부당성과 가혹성, 정상참작성 등을 감안하여 심리하는데 그 기준은,

(1) 음주수치

(2) 생계성(운전을 하지 못하면 생계에 지장이 있는지)

(3) 음주운전의 동기 및 당시 정황(피치 못할 사정이 있는지)

(4) 음주운전의 거리

(5) 음주운전적발 전력, 교통사고 전력, 교통법규 위반으로 받은 벌점 등

(6) 운전경력

(7) 가정경제(재산의 유무, 부양의 의무, 부채의 정도, 생계비 등)

(8) 사회공헌도(표창, 상장, 사회봉사 등)

(9) 가족 중 병원에 입원하거나 통원 진료하는 사람이나 병석에 있는 사람 유무

(10) 경찰의 행정처분의 하자(행정 절차상 하자나 결격 사유)

(11) 기타 정상참작의 여지들을 참작하여 결정한다.

만약 행정심판의 결과가 좋지 않다면 법원에 행정소송을 제기할 수 있다.

정보공개제도

정보공개제도란 국가의 공공기관이 소장하고 있는 정보를 국민이 자유롭게 접근할 수 있도록 하여 국민의 알 권리를 보장해 주기 위한 제도이다.

정보공개청구를 하면 해당 기관은 10일 이내에 정보공개 여부를 결정하여 청구인에게 서면으로 통지를 한다. 또 정보를 공개하기로 결정한 경우, 공공기관은 공개일시, 공개장소 등을 명확히 적어 공개를 결정한 날로부터 15일 이내에 청구인에게 통지한다. 정보를 공개하지 않기로 결정을 한 경우에 공공기관은 청구인에게 즉시 서면으로 통지를 하여야 한다. 이 경우에 비공개 사유와 이에 대한 불복방법 및 불복 절차를 명확하게 표시하여야 한다.

공개청구자가 비공개결정을 받아들일 수 없는 경우 비공개통지를 받은 날부터 30일 이내에 서면으로 이의신청을 할 수 있다. 비공개 결정을 받은 청구인은 그 사실을 알게 된 날로부터 90일 이내 또는 처분이 있은 날로부터 180일 이내에 행정심판을 제기할 수 있고, 받아들여지지 않을 경우 처분이 있은 날로부터 90일 이내에 행정소송을 제기할 수 있다.

Part **05**

부동산 및 등기편

부동산과 등기

우리나라 민법은 부동산에 대한 물권변동은 등기하여야 효력이 있다고 하여 부동산의 소유자는 등기부를 기준으로 하고 있다. 아무리 매매계약을 하였고, 매매대금을 다 지급하였다 하더라도 등기가 되어 있지 않으면 소유권을 취득할 수가 없다.

그러나 부동산을 경매, 공매에 의하여 취득하거나 상속으로 취득하는 경우에는 등기 없이도 소유권의 취득이 가능하나, 부동산에 대한 권리를 행사하기 위해서는 반드시 등기를 하여야 다른 사람에게 넘겨줄 수 있다.

부동산등기부등본 보는 법

등기부는 표제부, 갑구, 을구로 나누어진다.

표제부는 토지, 건물의 소재지(경북 상주시 외서면 이천리 255), 면적(500평), 용도(대, 답, 전, 임야), 구조(2층 시멘트콘크리트조) 등 그 부동산의 표시를 나타낸다.

갑구는 소유권에 관한 사항, 즉 이 부동산이 누구의 소유인지, 소유자의 주소, 성명, 주민등록번호가 기재되어 있다. 그 외에 가압류, 가등기, 가처분, 경매기입등기 등이 기재되어 있다.

을구는 소유권 이외의 권리로 근저당권, 저당권, 전세권 같은 제한물건에 관한 사항이 기재되어 있다.

등기의 효력순서는 같은 구에서는 순위번호에 의하여 갑구, 을구에서는 접수번호가 빠른 것이 선순위의 등기이다.

갑구에서는 최근의 소유자가 그 부동산의 소유자이고, 을구에서는 가장 빠른 등기를 한 자가 선순위로서 후순위보다 권리관계가 빠르다.

부동산등기필증을 분실한 때

부동산등기필증을 분실한 경우 재발급이 되지 않는다. 부동산등기필증을 권리증이라고도 하는데 그 부동산의 소유자가 확실하다는 것을 확인해 주는 역할을 하는 문서이다. 그런데 분실하였을 시에는 등기의무자(등기필증을 소유한 자)가 직접 등기소에 출석을 하거나, 법무사가 본인이 확실하다는 확인서면을 작성한 경우와 공증인이 공증을 하면 등기필증에 가름할 수 있다.

부동산을 산 경우 60일 이내에 등기신청을 하여야 한다

부동산을 거래한 경우 반드시 등기를 하여야 한다. 매매의 경우 막대금을 지급한 날부터, 증여의 경우 증여계약의 효력이 발생한 날부터 60일 이내에 이전등기를 하여야 한다.

등기신청을 상당한 이유 없이 이행하지 아니한 경우 그 부동산등록세액의 5배 이하의 과태료를 부과하게 된다.

과태료는 등기권리자에게 부과하는데 등기를 제때하지 못한 원인이
등기의무자에게 있을 경우 등기의무자에게 과태료를 부과한다.

Part **06**

각종 세금편

세금이란

국가나 지방자치단체가 공공경비의 조달을 목적으로 개별적 반대급부 없이 국민들로부터 강제적으로 징수하는 것이다.

우리는 살아가면서 알게 모르게 많은 세금을 내고 있고, 이 세금으로 국가와 지방자치단체가 운영되고 있다.

집이나 땅을 사거나 자동차를 살 경우 취·등록세를 내야 하고, 보유하고 있는 동안 재산세를 내야 하고, 팔았을 경우 양도소득세를 내야 한다.

재산을 보유하고 있던 사람이 사망을 하였을 경우 상속인들은 상속세를 내야 하고, 재산 증여를 받았을 경우 증여받은 사람은 증여세를 내야 하고, 만일 수증자가 증여세를 못 내면 증여자가 증여세를 내야 한다.

물건을 사거나 음식을 먹으면 그 값에 부가가치세가 포함되어 있고, 고급물건을 사면 개별소비세, 특별소비세가 포함되어 있다. 또 술값에는 주세, 담뱃값에는 소비세가 포함된다. 계약서를 작성하거나 법원에 소송을 할 경우 정부수입인지를 첨부해야 한다.

우리는 일상생활을 하면서 공기와 물을 피할 수 없듯이 세금을 피할 수가 없다. 소득과 재산과 돈이 있거나 거래가 이루어지는 곳에는 항상 세금이 따라다니기 때문이다.

따라서 우리는 세금과 친해져야 하고, 무관심하거나 피하려 해서는 안 된다. 한마디로 세법을 제대로 알고 살아가야 손해를 보지 않는다는 뜻 이다.

절세

절세란 세법이 정해놓은 범위 내에서 합법적인 방법으로 세금을 줄이 는 것이다. 절세에 특별한 비법이 있는 것은 아니며, 세법을 충분히 이 해하고 법테두리 안에서 세금을 줄일 수 있는 가장 유리한 방법을 찾는 것이다.

절세를 하려면,

(1) 평소에 증빙자료를 철저히 수집하고, 장부정리를 꼼꼼하게 해
   둔다.
(2) 세법을 잘 숙지하거나 세법을 아는 분을 통해 세법에서 인정하고
   있는 각종 소득공제, 세액공제, 준비금·충당금 등의 조세지원
   제도를 충분히 활용한다.
(3) 세법이 정하고 있는 각종 의무사항을 성실히 이행함으로써 가
   산세 등의 불이익을 받지 않도록 한다.

탈세

탈세란 고의로 사실을 왜곡하는 등 불법적인 방법으로 세금의 부담을 줄이려는 것을 말한다. 절세가 합법적인 방법으로 세금을 줄이려는 것이

라면, 탈세는 불법적인 방법으로 세금을 줄이려는 것이다.

탈세의 방법은 수익금액의 누락, 실물거래가 없는데도 비용을 지출한 것으로 처리하는 가공경비 계상, 실제보다 비용을 부풀려 처리하는 비용의 과대계상, 허위계약서 작성, 명의위장, 공문서위조 등이 있다. 탈세를 한 경우 추징을 당하고, 조세범처벌법에 의해 처벌을 받는다.

조세회피

조세회피란 세법이 정한 거래형식을 따르지 않고 우회하는 거래형식으로 세금의 부담을 줄이는 것을 말한다. 조세회피는 사회적 비난은 가할 수 있으나 탈법이 아니므로 세법상 처벌을 할 수가 없다. 다시 말해서 법의 미비점을 이용해 세금을 줄이려는 행위이다. 실례로 비상장주식을 증여한 후에 상장시켜 시세차익을 얻게 하는 행위나, 증여나 상속세를 내지 않기 위해 가족명의로 문화재단을 설립해 문화재단에 재산기부를 하는 행위 등이다.

세금을 부과할 수 있는 기간

세법은 일정한 기간 안에서만 세금을 부과할 수 있도록 하고 그 기간이 지나면 세금을 부과할 수 없도록 국세부과의 체적기간을 두고 있다.

통상적으로 국세부과의 제척기간을 5년이라고 알고 있으나 이를 무조건 5년이라고 생각을 하면 잘못이다. 제척기간이 크게는 15년까지 있다.

1. 상속세와 증여세

  (1) 15년인 경우

    납세자가 사기 등 기타 부정한 행위로 상속 또는 증여세를 포탈

하거나 환급 공제한 경우, 상속세 또는 증여세를 신고하지 아니
하였거나 허위신고 또는 누락한 경우 15년간이다.

(2) 10년인 경우와 기타의 경우에는 신고한 다음날부터 10년간이다.

2. 상속세 및 증여세 이외의 세금

(1) 10년인 경우

사기 등 기타 부정한 방법으로 국세를 포탈하거나 환급 또는
공제 받은 경우 신고기한의 다음날부터 10년

(2) 7년인 경우

납세자가 법정 신고기한 내에 신고를 하지 아니한 경우에는 신고
기한의 다음날부터 7년

(3) 5년

위의 경우를 제외한 경우에는 신고기한의 다음날부터 5년간이다.

취·등록세

취득세와 등록세를 구분해서 납부해 오던 것이 합쳐져 한꺼번에 내도록
되었다. 부동산을 취득한 날로부터 60일 이내에 신고 납부해야 한다.

지방세법 제11조와 제28조에 의해 부과되는데 정부의 부동산정책에
따라 변동이 잦고, 너무 복잡하고 난해해 설명을 드릴수가 없고, 시·
군·구청의 세무과나 법무사 사무실에 취득하고자 하는 부동산을 가
지고 가서 문의해 봐야 정확한 세액을 알 수가 있다.

취·등록세의 20%에 해당하는 농어촌특별세와 10%에 해당하는 지
방교육세를 납부하여야 한다.

재산세

부동산을 보유할 시 재산세가 부과된다. 재산세는 매년 6월 1일을 기준으로 사실상 소유자에게 시장, 군수, 구청장이 부과한다. 따라서 5월 31일 부동산을 양도하였다면 6월 1일 현재 소유자에게 당해 연도 재산세가 부과된다.

그러므로 과세기준일(6월 1일)을 전후하여 부동산을 양도하고자 하는 경우에는 6월 1일 전에 양도해야 재산세 납부의무가 없다. 위에서 양도한 날은 잔금을 받은 날을 말하며, 잔금을 받기 전에 소유권이전등기를 마쳤다면 등기접수일이 양도일이다.

종합부동산세

종합부동산세는 매년 6월 1일 현재 소유부동산을 기준으로 종합부동산세 과세 대상 여부를 판정하여 관할세무서장이 결정고지한다.

그러므로 과세기준일(6월 1일)을 전후하여 부동산을 양도하고자 하는 경우에는 6월 1일 전에 양도해야 종합부동산세 납부의무가 없다. 위에서 양도한 날은 잔금을 받은 날을 말하며, 잔금을 받기 전에 소유권이전등기를 마쳤다면 등기접수일이 양도일이다.

과세 대상은 개인별로 소유한 과세 대상별 전국 합산 공시가격이 주택은 6억 원(1세대 1주택인 경우 9억 원), 나대지 등 종합합산토지는 5억 원을 초과하는 경우에 해당된다.

공시가격결정과 이의신청

공시가격은 국세나 지방세의 부과기준이 될 뿐만 아니라 개발부담금 등 각종 부담금의 부과기준이 된다. 개별(공동)주택가격은 매년 1월 1일 현재의 가격을 조사하여 4월 30일까지, 개별공시지가는 토지관할 시장, 군수, 구청장이 매년 1월 1일 현재의 가격을 조사하여 5월 31일까지 결정 공시한다.

재산세와 종합부동산세는 개별공시지가 또는 개별(공동)주택가격 등에 의해 결정된다. 따라서 공시가격이 높게 결정되면 재산세나 종합부동산세 등의 부담이 늘어나게 된다. 공시가격 결정이 불합리하다고 판단될 경우 이의신청을 통해 바로잡을 수 있다. 이의신청이 받아들여지지 않을 경우 행정소송을 통해 바로잡을 수 있다.

상속세와 증여세

1. 상속세

부모님의 장례를 치르고 나면 남겨진 재산의 상속문제가 있고 상속을 받으면서 상속세가 얼마나 나올까 걱정을 하게 된다. 결론적으로 말씀드려서 남겨진 재산이 많지 않을 경우 걱정을 하지 않아도 된다. 정부에서는 국민들의 상속세에 대한 불안감을 덜어주고 상속인들의 생활안정을 위해 상속공제제도를 두고 있어 공제금액이 크기 때문에 대부분의 사람들은 상속세가 과세되지 않는다.

부모님 두 분 중에서 한 분이 돌아가신 경우에는 최소한 10억 원을 공제해 주며, 한 분이 먼저 돌아가시고 나머지 한 분마저 돌아가신 경우 최소한 5억 원을 공제해 준다. 만일 돌아가신 분의 부채가 있을 경우 이 부채도 공제해 준다.

그러므로 한 분이 돌아가시고 한 분이 계시는 경우에는 10억 원 이하,

두 분 다 돌아가시고 한 분도 없는 경우 5억 원 이하일 경우 상속세는 한 푼도 부과되지 않는다. 다만 여기서 10억 원 또는 5억 원은 상속인별로 상속받은 재산에서 각각 공제해 주는 것이 아니라 피상속인(사망자)의 소유재산 합계에서 한 번만 공제된다.

상속받을 재산보다 부채가 많은 경우 재산상속을 포기해야 한다. 재산을 상속받을 경우 부채도 상속되기 때문이다. 상속 포기는 피상속인이 사망한 날부터 3개월 이내에 해야 한다. 또 상속세 신고는 피상속인 사망일로부터 6개월 이내에 신고해야 한다. 미신고시 30%의 가산금이 붙는다.

2. 증여세

무상으로 재산을 주는 것을 증여라고 하는데 부부간에는 6억 원이 공제가 되고, 직계비속이 성년일 경우 5,000만 원, 미성년일 경우 2,000만 원이 공제가 된다. 또 직계존속에게 증여를 할 경우 3,000만 원이 공제가 되고, 기타 친족 간에는 500만 원이 공제가 된다. 이 금액은 10년간을 합친 금액이다.

따라서 부부간에 부동산을 취득할 경우 남편보다는 아내 명의로 하는 것이 좋다. 자금이야 남편의 돈이더라도 아내 명의로 해 둘 경우 6억 원이 공제가 되므로 남편이 먼저 사망을 하더라도 상속세에서 득을 볼 수가 있다.

증여세는 증여를 받은 사람이 증여를 받은 날부터 3개월 이내에 신고를 하여야 한다. 신고기간 내에 신고를 할 경우 세금의 10%를 공제해 준다. 신고하지 않을 경우 30%의 가산금이 붙는다.

3. 상속세율 및 증여세율

- 1억 원 이하 : 10%
- 1억 원 초과 5억 원 이하 : 1천만 원 + 1억 원을 초과하는 금액 20%
- 5억 원 초과 10억 원 이하 : 9천만 원 + 5억 원을 초과하는 금액의 30%
- 10억 원 초과 30억 원 이하 : 2억 4천만 원 + 10억 원을 초과하는 금액의 40%
- 30억 원 초과 : 10억 4천만 원 + 30억 원을 초과하는 금액의 50%

4. 상속, 증여세의 재산가액평가 방법

시가를 산정평가액으로 본다.

시가를 산정할 수 없는 경우

토지 = 개별공시지가

주택 = 개별주택가격

주택 이외의 건축물 = 국세청 기준시가를 산정평가액으로 본다.

자경농지인 경우 8년(피상속인 자경 포함)이 넘으면 감면 대상

양도소득세

1. 양도소득세란

건물이나 토지 등 고정자산에 대한 영업권, 특정 시설물에 대한 이용권·회원권, 주식이나 출자지분 등 대통령령으로 정하는 기타의 재산에 대한 소유권을 다른 사람에게 넘길 때 생기는 양도차익에 대해 부과되는 세금이다.

양도소득세는 시가가 뛰어오르면서 발생하며, 투기로 인한 불로소득이나 개발이익의 일부를 소득세로 환수함으로써 거래를 규제하거나 소득재분배 및 부동산 가격의 안정 등을 목적으로 한다는 점에서 정

책세제로서의 성격이 강하고, 거의 모든 국민이 잠재적인 납세 의무자라는 점에서 대중세적인 측면도 있다. 그밖에 상속받은 재산에 대해서도 양도소득세가 부과되고 있다.

부동산을 양도한 경우에는 양도일이 속하는 달의 말일부터 2개월 이내에 주소지 관할세무서에 예정신고 및 양도소득세를 납부해야 하며, 미신고시 가산세가 부과된다.

2. 양도세 산정 기준양도란 매매·교환 등으로 소유권이 다른 사람에게 유상으로 넘어가는 것을 가리키는 말이고, 양도차익(소득)이란 양도가액에서 취득가액과 필요경비·공제금액을 뺀 소득이다.

부동산을 사고팔 때 붙는 양도세의 경우 양도가액(팔아넘긴 가격)과 취득가액(샀던 가격)은 원칙적으로 토지와 개별주택의 경우 국토교통부의 개별공시지가 및 개별주택가격, 일반건물 및 공동주택(아파트 등)은 국세청의 기준시가를 적용해 계산한다.

고가주택이나 투기지역 거래는 실거래가를 적용하나, 1세대 1주택 고가주택의 경우 9억 원 초과분에 대한 양도차익만 과세한다. 고가주택은 주택 및 이에 부수되는 토지의 양도 당시 실지거래가액이 9억 원을 초과하는 것을 말한다.

양도세 결정세액 = (양도가액 − 취득가액 − 기타 필요경비 − 장기보유 특별공제 − 양도소득 기본공제) × 양도소득세율 − 감면세액

〈장기보유 특별공제율(소득세법 제95조)〉

보유기간	일반공제	1세대 1주택
3년 이상 4년 미만	10%	24%
4년 이상 5년 미만	12%	32%
5년 이상 6년 미만	15%	40%
6년 이상 7년 미만	18%	48%
7년 이상 8년 미만	21%	56%
8년 이상 9년 미만	24%	64%
9년 이상 10년 미만	27%	72%
10년 이상	30%	80%

취득가액은 취득 당시 매입가격에 취득 제세공과금을 더한 금액을 말하며, 기타 필요경비에는 양도받은 자산에 대해 소요된 수선비·중개수수료·인지대 등이 해당된다. 장기보유 특별공제는 토지·건물에 대하여 보유기간 3년 이상 및 조합원 입주권에 대한 양도차익에 보유기간별 공제율을 곱하여 산출한다. 이때 토지·건물이 아닌 자산, 미등기 양도자산, 소득세법 제104조의 3에 따른 비사업용 토지는 제외된다. 부동산 매도시 1년에 1회 최초 거래분에 한해 250만 원의 양도소득 기본공제를 받을 수 있다. 세율은 차액에 따라 누진세가 적용된다.

3. 1세대 1주택의 비과세 및 감면 항목

양도세는 단기 투기 거래를 줄이기 위한 목적이 있기 때문에 비과세 항목이 많은 편이다. 양도소득에 대한 소득세를 과세하지 않는 경우는 다음과 같다.

파산선고에 의한 처분으로 발생하는 소득, 대통령령으로 정하는 경우에 해당하는 농지의 교환 또는 분합으로 발생하는 소득의 경우 양도소득세가 면제된다.

2014년 1월 1일 개정 양도소득세법이 시행됨에 따라 1세대 1주택자의 경우 기존 3년 이상 보유시 비과세로 적용되던 것이 2년 이상 보유시로 변경되었고, 이사로 인해 추가로 주택을 구입한 일시적 2주택자인 경우 기존 주택을 3년 내에 처분하면 양도소득세를 내지 않아도 된다. 단, 투기지역 등의 지정지역은 배제된다. 이외에도 장기임대주택 또는 신축주택을 취득한 경우, 공익사업용 토지, 개발제한구역 지정에 따른 매수 대상 토지 등, 아파트형 공장 설립 후 5년 이상 임대 후 양도하는 경우 양도세가 감면된다.

농지의 경우 8년 이상 거주하면서 직접 경작한 농지를 양도하는 경우에는 양도소득세가 감면된다(농지의 양도소득세에 대해여는 다음 항에서 상세히 설명).

4. 1세대 2주택의 비과세

양도소득세의 원칙은 1세대 1주택일 경우에만 비과세가 된다. 그러나 1세대 2주택일 경우에도 다음과 같이 비과세되는 경우가 있다.

(1) 일시적 1세대 2주택

종전 주택을 취득한 날부터 1년 이상 지난 후에 다른 주택을 취득하고, 그 다른 주택을 취득한 날부터 3년 이내에 종전 주택을 양도하는 경우

(2) 상속으로 인한 2주택

상속받은 주택과 일반주택(상속 개시 당시 보유한 주택만 해당)으로 국내에 각각 1개씩 소유하고 있는 1세대가 일반주택을 양도하는 경우. 단, 상속받은 주택을 먼저 양도하는 경우에는 과세 대상이다.

(3) 직계존속의 동거부양을 위하여 세대를 합친 경우의 2주택

60세 이상의 직계존속(배우자 직계존속 포함하며, 직계존속 중 어느 한 사람이 60세 미만인 경우도 포함) 세대를 합친 날부터 5년 이내에 먼저 양도하는 주택

(4) 혼인으로 인한 2주택

혼인한 날부터 5년 이내에 먼저 양도하는 주택

(5) 실수요 목적으로 취득한 지방주택

취학, 근무상 형편, 질병의 요양, 그밖에 부득이한 사유로 취득한 수도권 밖에 소재하는 주택과 일반주택을 국내에 각각 1개씩 소유하고 있는 1세대가 부득이한 사유가 해소된 날부터 3년 이내에 일반주택을 양도하는 경우

(6) 장기임대주택 소유로 인한 2주택

장기임대주택과 거주주택(거주기간 2년 이상)을 소유하고 있는 1세대가 거주주택을 양도하는 경우. 장기임대주택이란 양도일 현재 임대주택법에 따라 임대주택으로 등록하여 임대하고 있는 주택을 말함.

농지에 대한 양도소득세

농지소재지에 거주하면서 8년 이상 직접 경작을 한 농지를 양도하는 경우 양도세가 감면된다.

농지소재지에 거주하는 자라 함은,

(1) 농지소재지 시·군·구의 안 지역에 거주하는 자

(2) (1)의 지역과 연접한 시·군·구 안의 지역에 거주하는 자

(3) 농지로부터 20킬로미터 이내에 주민등록이 되어 있는 자를 말한다.

- 상속받은 농지의 경우 피상속인이 취득하여 농지소재지에 거주하면서 경작한 기간도 상속인이 농지소재지에 거주하면서 경작한 기간으로 본다.
- 증여받은 농지의 경우 증여받는 날 이후부터 수증자가 경작한 기간만을 계산한다.
- 자경기간은 취득할 때부터 양도할 때까지의 사이에 8년 이상 경작한 사실이 있으면 되고 양도일 현재 자경하고 있어야 하는 것은 아니다.

납세보호담당관제도

세금과 관련된 민원고충을 납세자편에 서서 처리해 주는 기관이 납세자보호담당관이다. 납세자의 고충청구 및 권리보호요청이 접수되면 납세자보호담당관이 책임을 지고 성의껏 처리해 주고 있다. 그러므로 국세와 관련된 애로사항이 있을 시 가까운 세무서의 납세자보호담당관을 찾아가 고충을 상담해 해결할 수가 있다. 또 전국 어디서나 국번 없이 126번으로 전화를 해 5번을 누르면 관할세무서 납세보호담당관과 연결되어 상담을 받을 수가 있다.

세금을 체납한 경우 어떤 불이익을 받는가?

1. 가산세 및 가산금 부과

납부기간을 넘긴 경우 납부하지 않은 세액에 납부기한 다음날부터 자진 납부일까지 연 10.95%의 비율로 계산한 금액을 더 내야 한다.

납세자가 납세고지서를 받고도 세금을 납부하지 않을 경우 국세에 3%의 가산금이 부과된다. 체납된 국세가 100만 원 이상인 경우 납부기한이 지난날부터 매 1개월이 지날 때마다 1.2%의 가산금이 5년간 부과된다. 따라서 100만 원 이상을 체납한 경우 75%까지 가산금이 부과된다.

2. 체납처분

세금을 체납하면 체납자의 재산을 압류한다. 압류 후에도 계속 체납이 된 경우 압류된 재산을 경매에 붙여 매각하여 체납세금에 충당한다.

3. 행정규제

(1) 허가사업의 제한

허가, 인가, 면허 등을 받아 사업을 경영하는 자가 국세를 3회 이상 체납한 경우 그 체납액이 500만 원 이상인 때에는 주무관서에 사업의 정지 또는 허가의 취소를 요구할 수 있다.

(2) 출국규제

정당한 사유 없이 국세를 5,000만 원 이상 체납한 자로서 소유재산 등으로 조세채권을 확보할 수 없고, 체납처분을 회피할 우려가 있다고 인정이 되면 출국금지를 요청한다.

(3) 신용정보기관에 체납자료의 정보제공

체납발생일로부터 1년이 지나고 국세체납액이 500만 원 이상인 자와 1년에 3회 이상 체납하고 국세체납액이 500만 원 이상인 자의 경우 관할 세무서장은 신용정보기관(전국은행연합회)에 자료를 제공하여 신용불량자로 등록이 되어 각종 금융제재를 받도록 한다.

(4) 고액, 상습체납자 명단공개

국세체납액이 5억 원 이상으로 체납발생일로부터 1년이 경과하여도 체납하고 있는 경우 명단을 공개한다.

과세에 대한 불복

세금과 관련하여 부당한 처분을 받거나 필요한 처분을 받지 못한 경우 과세 전 적부심사제도를 이용해 과세할 내용을 미리 받아보고 불만이 있을 시 이의를 제기할 수 있다.

세금이 고지된 후에는 세무서장 또는 지방국세청장에게 이의신청이나 심사청구, 조세심판원에 심판청구, 감사원에 심사청구 중 한 가지를 선택해서 할 수가 있다. 여기서 구제받지 못한 경우 법원에 행정소송을 제기할 수가 있다. 단, 이의신청을 한 경우에는 심사 또는 심판을 거쳐야 행정소송을 제기할 수 있다.

세금이 고지된 후 구제 절차를 밝으려면 반드시 고지서를 받은 날 또는 세금부과사실을 안 날로부터 90일 이내에 관련서류를 제출해야 한다. 이의신청에서 구제를 받지 못한 경우 행정소송은 이의신청의 결정통지서를 받은 날부터 90일 이내에 법원에 행정소장을 제출해야 한다. 기간이 넘어서 소송이 제기된 경우 소장이 각하되므로 기일을 엄수해야 한다.

과세 전 적부심사청구

국세청에서는 세금을 부과할 내용을 미리 납세자에게 알려주고 있는데, 이를 세무조사결과통지서 또는 과세예고통지서라고 한다. 납세자는 이 통지서를 보고 이해가 가지 않는 부분이 있다면 과세내용이 타당한지 심사해 줄 것을 국세청에 요청할 수 있는데, 이를 과세 전 적부심사제도라고 한다. 과세 전 적부심사를 청구할 때에는 통지서를 받은 날부터 20일 이내에 통지서를 보낸 세무서장 또는 지방국세청장에게 청구서를 제출하여야 한다.

세금고충처리제도

세금에 관한 불편부당한 사항들을 처리해 주기 위해 전국의 모든 세무서 민원봉사실에 납세보호담당관제도를 운영하고 있다.

세금고충처리제도를 통해 해결할 수 있는 것을 살펴보면 다음과 같다.

(1) 세무행정으로 인한 불편, 애로사항, 세무행정에 관련된 개선 건의 사항

(2) 세금을 물게 된 경우

(3) 직원이 대신 써준 신고서에 도장만 찍거나 각종 기준율에 따라 신고는 했으나 자신의 수익금액보다 많은 금액이 신고된 경우

(4) 실제로 국내에 집 한 채를 가지고 3년 이상 소유한 후 팔았으나 여러 가지 사유로 문서상 기재내용과 일치하지 않아 1세대 1주택으로 서 비과세 혜택을 못 받은 경우. 서민층이 부동산 취득 자금을 서류 등으로 명백하게 입증하기 어려운 경우

(5) 체납세액에 비하여 체납자의 재산을 너무 많이 압류당하거나 다른 재산이 있음에도 사회생활에 필요한 재산을 압류한 경우

세금부과에 대한 구제 절차

이의신청은 세금부과에 대한 불만이 있을 시, 즉 법에 반하여 세금이 부과된 경우, 납세고지서 등에 대하여 감면신청을 했는데 받아들여지지

않았거나 감면액수가 적은 경우에 있어 국세청장에게 심사청구를 하기 전에 이의신청을 받아들이지 않은 세무서장 또는 지방국세청장에게 청구하는 절차이다. 신청방법은 납세고지서 등을 받은 날부터 90일 이내에 이의신청서를 제출하여야 한다.

이의신청이 받아들여지지 않은 때에는 심사청구를 하게 된다. 심사청구는 납세고지서 등을 받는 날(이의신청을 거친 경우에는 이의신청 결정서를 받은 날)부터 90일 이내에 납세고지서를 통지한 세무서장 또는 지방국세청을 거쳐 국세청장에게 한다.

심사청구에 대하여 불만이 있을 경우 해당처분 사실을 안 날로부터 90일 이내에 국세심판원에 심판청구를 한다. 모든 국민은 행정기관 등의 법에 반하거나 부당한 행위에 의해 권리나 이익을 침해받았을 때에는 감사원에 심사청구를 할 수 있다. 따라서 세금부과에 대하여도 감사원에 심사청구를 할 수 있다.

행정구제 절차에서 구제를 받지 못한 경우 법원을 통해 조세소송으로 구제를 받을 수 있다.

세금의 부과처분 취소소송은 국세청이나 감사원의 심사청구에 대한 결정이나 국세심판원의 심판청구에 대한 결정통지를 받은 날부터 90일 이내에 해야 한다. 세금에 대한 구제 절차는 당해 세무서장과 지방국세청장에게 이의를 제기한 후 그 이의가 받아들여지지 않을 경우, 국세청장이나 감사원에 심사청구를 하고, 심사청구가 받아들여지지 않을 경우 국세심판원에 심판청구를 하게 된다. 마지막으로 법원에 조세소송 절차를 통해 구제받는 방법이 있다.

Part 07

재산상속 및 가족관계편

가족관계등록제도

종전에 호주를 중심으로 편제되어 있던 호적제도가 호주가 없어지고 가족관계등록제도가 2008년 1월 1일부터 시행되었다. 가족관계에 관한 사무는 법원이 관장하며, 등록사무의 처리에 관한 사항은 시·읍·면장에게 위임되어 있다.

호적제도가 있을 때에는 호적등본 하나로 가의 전체 구성관계를 알 수가 있었는데 가족관계등록제도로 바뀌면서 가족관계증명서, 기본증명서, 혼인관계증명서, 입양관계증명서, 친양자관계증명서 등 5종류의 증명서가 발급되고 있다.

1. 가족관계증명서

부모, 배우자, 자녀의 인적사항이 기재된 증명서

2. 기본증명서

본인의 출생, 사망, 개명 등의 인적사항이 기재된 증명서

3. 혼인관계증명서

배우자의 인적사항 및 혼인, 이혼에 관한 사항이 기재된 증명서

4. 입양관계증명서

양부모 또는 양자 인적사항 및 입양, 파양에 관한사항이 기재된 증명서

5. 친양자입양관계증명서

친생부모, 양부모 또는 친양자 인적사항 및 입양, 파양에 관한 사항이 기재된 증명서

약혼

약혼이란 남녀가 혼인할 것을 약속하는 것인데 남녀 모두 18세 이상이면 약혼을 할 수가 있다. 그러나 20세 미만인 경우 부모의 동의를 얻어야 한다.

약혼은 약혼식을 하여야 이루어지는 것은 아니고 서로 간에 혼인의 약속을 하면 약혼이다. 증서로 남길 필요도 없다. 약혼을 하면 가까운 장래에 혼인을 하여야 하는데, 한 쪽이 자꾸 미루면 파혼을 하게 되고, 때에 따라서는 손해배상책임도 지게 된다.

약혼 중에는 법률상 남남이며, 성행위를 요구할 수 없고, 이에 응할 의무도 없다. 혹 성관계를 맺었다 하더라도 상대방이 원하지 않으면 결혼을 강요할 수는 없다. 만약에 남자가 혼인할 마음이 없으면서 혼인할 것처럼 속여서 성관계를 가졌다면 상대방은 그 남자를 혼인빙자간음죄로 고소할 수 있고 손해배상도 청구할 수 있다.

파혼사유로는 상대방이 자격정지 이상의 형을 선고받은 때, 한정치산 금치산선고를 받거나 파산선고를 받은 때, 성병이나 불치의 정신병 등이 있을 때, 다른 사람과 혼인 또는 약혼 한 때, 바람을 피웠을 때, 1년 이상 행방을 알 수 없을 때, 정당한 이유 없이 혼인을 미루거나 거절하는 때, 기타 중대한 사유가 있을 때에는 파혼할 수 있다.

약혼 후 파혼을 하려면 상대방에게 정중히 뜻을 전하여야 한다. 또 파혼사유를 야기시킨 쪽에서 손해배상의 책임을 진다.

혼인

혼인은 혼인신고를 하여야 성립이 된다. 결혼식을 하였든 하지 않았든 관계없이 혼인신고로 부부가 된다.

남녀 모두 약혼할 나이인 18세 이상이 되면 혼인을 할 수가 있다. 20세 미만의 경우 부모의 동의를 받아야 한다. 부모의 동의 없는 20세 미만의 혼인에 대하여는 부모가 혼인을 취소할 수 있다. 그러나 혼인 당사자들이 성년이 되었거나 결혼 후 임신을 하였다면 취소할 수 없다. 혼인을 하면 부부는 새로운 가족관계가 되고 동거의 의무가 있다. 이 동거의 의무에는 성관계의 의무도 있다. 부부는 서로 부양하고 협조해야 한다. 미성년자가 혼인을 하면 민법상으로는 성년이 된다. 그러나 공직선거법, 청소년보호법, 근로기준법, 국세기본법 등에서는 미성년자로 취급된다.

사실혼 관계

우리나라는 법률혼만을 인정하고 있다. 따라서 결혼식을 하였다고 하더라도 혼인신고가 되어 있지 않으면 법률상 부부가 아니다. 사실혼이란 혼인신고를 하지 않고 동거를 하는 것을 말하는데 상대방에게 혼인신고를 미루는 경우 법원에 사실혼관계존재 확인의 소를 구한 후 확정이 되면 혼자서 혼인신고를 할 수 있다. 사실혼관계를 파기하는 경우 위자료청구와 자식이 있다면 인지청구, 양육자지정청구를 할 수 있다.

이혼

민법은 이혼사유로,

(1) 배우자가 부정행위를 한 때(바람을 피웠을 때)

(2) 배우자가 악의로 다른 일방을 유기한 때(상대방이 정당한 이유 없이 동거를 거부하거나 자식의 양육이나 가정생활에 있어 협조를 하지 않은 때)

(3) 배우자 또는 그 직계존속으로부터 심히 부당한 대우를 받았을 때

(4) 자기의 직계존속이 배우자로부터 심히 부당한 대우를 받았을 때

(5) 배우자의 생사가 3년 이상 분명하지 아니한 때(행방불명)

(6) 기타 혼인을 계속하기 어려운 중대한 사유가 있을 때(참을 수 없는 고통)

무단가출과 이혼사유

무단가출도 이혼사유가 되는데 가출에 대한 증거가 필요하다. 그 증거로는 주민등록의 말소와 가출신고가 있을 수 있다.

다문화가정이 늘어나면서 외국여성이 한국남자와 결혼을 한 후 무단가출을 하는 경우가 종종 있다. 이 경우 혼인을 계속하기 어려운 중대한 사유에 해당되는데 국제결혼의 경우 상대방을 잘 선택하고, 혼인 후에는 서로 간에 최선을 다하는 모습으로 행복한 혼인생활이 되도록 하여야 한다. 무단가출 후 돌아올 가망이 없는 경우 재판상 이혼을 신청하여야 하는데 가출한 동기 등에 있어 미리 증거자료를 충분히 준비한 후 이혼청구소송을 제기하는 것이 옳다.

혼인생활을 파탄에 이르게 한 사람은 이혼청구권이 없다

가정파탄의 주된 원인을 제공한 사람(유책배우자)은 이혼청구자격이 없다. 단, 유책배우자의 상대방이 혼인생활을 계속할 의사가 없음이 객관적으로 명백하게 드러난 경우와 보복적 감정에서 이혼에 응하지 않는 등 특별한 사정이 있는 경우 유책배우자도 이혼을 청구할 수 있다. 부부간의 성적 불만도 이혼사유가 된다. 정당한 이유 없이 성관계를 거부하거나, 신체적인 결함으로 성행위를 할 수 없는 경우도 이혼사유가 된다. 그러나 단순히 성적인 불만을 가지고 이혼을 요구하는 것은 법원이 받아들이지 않는다.

협의이혼

협의이혼은 부부가 헤어지기로 협의가 된 경우로 판사 앞에서 이혼의사확인을 구한 후 그 결정문에 의하여 혼인신고를 함으로써 혼인이 해소되는 것을 말한다. 합의이혼을 하더라도 이혼에 관한 책임이 있는 자에게 위자료를 청구할 수 있다.

협의이혼은 부부 모두가 법원에 출석을 하여야 하고, 이혼의사가 확인된 경우 3개월의 숙려기간을 거쳐야 한다. 또 미성년자의 자녀가 있을 시 친권을 누가 행사할 것인지와 양육문제도 동시에 해결을 하여야 한다. 최종적으로 법원의 협의이혼확인서를 받았다면 3개월 내에 어느 일방이 시청이나 구청에 이혼신고를 해야지 비로소 남남이 된다.

〈협의이혼과정〉

부부가 함께 법원에 이혼신청서 제출 → 법원, 이혼안내 및 협의이혼기일지정(통상 3개월 후) → 전문가와 상담(선택사항) → 자녀양육 및 친권

협의 → 협의이혼기일에 함께 출석하여 협의이혼의사확인 → 3개월 내 시청 또는 구청에 신고 → 호적정리

재판상 이혼

재판상 이혼은 부부 중 일방의 잘못으로 인하여 이혼소장을 제출한 후 법원의 재판 절차를 거쳐서 행하는 이혼을 말한다.

재판상 이혼을 위해서는 혼인이 파탄에 이른 경위의 책임이 누구에게 있는 지를 따지게 되므로 충분한 증거를 확보한 후에 이혼소장을 제출하는 것이 옳다.

〈재판상 이혼과정〉

소장 제출 → 가사조사관 조사 → 이혼조정 → 이혼재판 → 이혼판결선고 → 재판확정으로 이혼

이혼을 할 경우 위자료는 얼마나 받을 수 있을까

이혼위자료는 부부의 나이, 직업, 재산 정도, 혼인생활의 과정, 혼인기간 및 혼인이 파탄에 이르게 된 경위 등을 참작하는데, 인정되는 금액이 크지 않다. 위자료를 받기 위해 이혼을 한다면 이는 잘못된 생각이다. 단, 위자료가 아닌 재산분할을 청구할 경우 상당한 금액을 받을 수 있다. 또 미성년자가 있다면 양육비의 문제가 있게 된다.

이혼에 관한 책임이 있는 배우자는 위자료를 지급할 책임이 있다. 위자료의 액수는 혼인의 파탄, 잘못의 정도, 재산상태, 생활 정도, 혼인기간, 혼인의 생활내력, 학력, 직업, 자녀의 부양관계 등을 고려하여 정한다. 이혼을 먼저 한 경우 3년 이내에 위자료를 청구할 수 있다.

이혼과 자녀양육비

양육비는 자녀를 키우지 않는 쪽이 자녀를 키우는 쪽에 자녀가 성년이 될 때까지 지급하는 돈이다. 통상 양육비는 비양육부모의 소득이 기준이 된다. 따라서 비양육부모의 소득에 따라 월 몇 십 만 원에서 월 몇 백 만 원이 되는 경우도 있다. 부모를 만나더라도 소득이 높은 부모를 만나는 게 성장과정에서 많은 도움이 되는 것은 일반사회나 법에서나 동일한 것 같다. 통상 초등학생인 경우 월 50만 원 정도, 중·고등학생은 월 60만 원 정도, 대학생은 월 80만 원 정도의 양육비가 정해지는 것 같다. 그러나 자녀가 성년이 된 경우는 한 푼의 양육비도 받을 수 없다.

지금 사회적으로 문제가 되고 있는 것은 이혼 후 대학을 졸업하지 못한 성년의 자녀가 있는 경우이다. 성년이 된 후에도 대학을 졸업하고 취업까지 상당한 기간이 남아 있는데 이 기간 동안 양육비 없이 생활이 어려운 것이 현실이다. 따라서 현재 가정법원에서 이혼조정을 할 때 자녀가 대학을 졸업하지 못한 경우 재산분할에서 자녀 양육을 책임진 쪽에다 더 많은 재산을 분할하고 있고, 양육비 조정에서도 이 부분에 대한 배려를 하고 있다. 대법원에서는 양육비산정에 대한 전체적인 안을 마련하고 있다.

이혼과 친권자 지정

이혼을 하면서 미성년자녀가 있을 시 친권을 누가 가지느냐 하는 것은 자녀에게 중요한 일이다. 통상 양육을 책임진 쪽에서 친권을 가지는데 이혼하는 부부간에 합의가 안 될 경우 법원에서 정한다. 정해진 친권자에게 친권을 행사하기 어려운 사정이 있을 시 청구에 의해 가정법원이 다시 정하도록 한다.

이혼 후 자녀의 면접교섭권

면접교섭권은 미성년자의 자녀를 양육하고 있지 않은 부나 모, 그리고 자녀가 직접 만나거나 편지나 전화 등으로 연락할 수 있는 권리를 말한다.

면접교섭권의 행사의 방법과 범위에 관하여는 부 또는 모가 자녀와 협의하여 정하고, 협의로 정할 수 없을 때는 가정법원에 청구하여 가정법원이 직권으로 정한다. 정해진 면접교섭권에 대해 특별한 사정이 있을 경우 가정법원에 변경신청을 할 수 있다. 즉, 자녀가 초등학생인 때에는 매주 1회 만나기로 하였으나 고등학생이 되면서 공부에 지장이 있으므로 매월 1회로 줄여달라는 것 등이 있다. 또 사정에 따라서는 횟수를 늘려달라는 청구도 할 수가 있다.

이혼과 재산분할

재산분할은 부부가 혼인생활 중에 형성된 공동재산을 나누고 이혼 후의 생활유지를 위해 법이 마련한 제도인데 이 재산분할 문제가 이혼을 더 부추기고 있는 것은 아닌지 모르겠다.

법원은 부부의 재산취득경위와 이용 상황, 소득, 혼인기간, 재산형성의 기여도 등을 토대로 분할비율을 정하여 부부의 재산을 분할한다. 단, 재산분할은 혼인관계를 파탄낸 쪽도 청구할 수 있다는 점이 위자료청구와 다르다.

또 재산분할의 중요한 점은 재산이 누구의 명의로 있는 것이 중요한 것이 아니라 재산을 늘리는 데 누가 얼마나 더 기여를 했느냐를 따져 분할비율을 정한다. 아내의 집안 살림과 자녀양육도 재산증식의 기여로 인정이 된다. 일반적으로 법원의 재산분할 정도를 보면 여자가 주부였을 경우 40% 정도, 맞벌이의 경우 50% 정도로 분할비율이 정해지고 있는 것 같다. 혹 우리 집 재산이 5억 원인데 이혼을 하여도 내게 2억 원이 돌아오겠구나 싶어 이혼을 신청하는 부부가 없기를 바란다. 재산분할청구는 이혼한 날부터 2년 내에 행사하여야 한다. 이 이혼한 날은 협의이혼의 경우 이혼신고를 한 날부터이고, 재판상 이혼의 경우 판결이 확정된 날부터이다.

사실혼관계의 해소와 재산분할청구권

남녀가 법률상 혼인신고를 하지 않았지만 혼인의사를 가지고 함께 사는 것을 사실혼이라고 한다. 우리 민법은 법률혼(혼인신고를 한 부부)을 원칙으로 하고 있으며, 법적인 문제에 있어 사실혼관계를 법률혼관계에 유추적용하고 있다. 사실혼관계도 법률혼관계와 같이 사실혼배우자 상호간에 동거, 부양, 협조와 정조의무가 있고 사실혼관계가 해소될 때 재산분할청구권도 인정된다.

사실혼관계에 있는 부부는 법률혼관계에 있는 부부와 달리 부부 중 어느 일방이 사실혼관계를 파기할 수 있으며, 이는 상대방의 승낙 없이 바로 사실혼관계는 해소된다. 즉, 법률혼관계에 있는 부부가 혼인을 해소하기 위해서는 합의가 전제되어야 하고 합의가 성립되지 않을 때에는 법원에 재판상 이혼을 청구하여 이혼재판을 받아야 한다. 그러나 사실혼 해소는 어느 한 쪽의 일방적인 통고로 사실혼관계가 바로 해소된다.

그러나 정당한 사유 없이 사실혼을 일방적으로 파기하거나 사실혼관계를 파탄에 이르게 한 쪽은 손해배상책임을 지게 된다.

사실혼관계를 통고한 측에서는 사실혼관계 중에 성립된 재산에 대해 재산분할을 청구할 수가 있다. 만일 사실혼관계에 있던 중 사실혼 해소를 통지하고 난 후에 배우자가 사망했을 경우 재산이 배우자의 상속인들에게 상속되었다면 그 상속인들을 상대로 재산분할을 청구할 수가 있다. 그러나 사실혼 해소 없이 배우자가 재산분할은 물론 한 푼의 상속도 받을 수가 없다. 다시 말해서 배우자가 살아있을 때 사실혼관계가 해소되어야지 재산분할을 청구할 수가 있다는 것이 대법원의 입장이다(대법원 2008스105 2009. 2. 9. 선고).

지금 우리사회는 결혼 없이도 인생을 행복하게 잘 살 수 있으며 자식도 필요 없다는 젊은이들이 절반이 넘는 것으로 나타나고 있다. 젊은이들이 혼인신고 없이 사실혼 관계로 살아간다면 여러 가지의 문제점들이 발생될 수 있다. 첫째, 자식이 태어난다면 혼인 외의 자로 출생신고를 하여야 하고 적자의 인정을 받지 못하게 된다. 둘째, 이별이 쉬워진다. 사실혼관계는 한 쪽이 통고만 하면 사실혼관계가 해소가 되는데, 법률혼관계는 합의가 되지 않을 시 법원이 이혼청구를 하고 재판을 받아야 한다. 셋째, 법률혼일 경우 배우자의 사망으로 재산상속을 받을 수가 있고, 이혼시 재산분할청구권이 주어지는 데 반해, 사실혼은 재산상속권이 없고, 사실혼의 해소도 배우자가 사망하기 전에 통고가 되어야 재산분할청구를 할 수가 있다.

법적으로 혼인은 혼인신고를 한 날부터 법적인 부부가 된다. 결혼식을 올렸더라도 혼인신고를 하지 않고 있는 동안은 사실혼관계로 인정된다.

따라서 결혼식을 마친 후 혼인신고로 합법적인 부부가 되어 법적인 보호를 받는 것이 합당하다.

부부재산의 별산제

민법 제830조는 부부의 재산을 별산제로 하고 있다. 부부의 일방이 혼인 전부터 가진 고유의 재산과 혼인 중 자기의 명의로 취득한 재산을 그 사람 특유의 재산으로 하여 각자가 관리사용수익하게 하는 것을 원칙으로 하고 있다. 그러나 부부가 혼인 중 취득한 재산은 어느 한 쪽으로 되어 있다고 하더라도 쌍방이 노력하여 취득한 경우가 많으므로, 이런 경우는 공동소유로 보아야 하는데 부부 중 누구에게 속한 재산인지 분명하지 아니한 경우와 혼인 중 부부가 공동으로 협력해서 취득한 재산 등은 이혼시 재산분할의 대상이 된다. 또 부부가 지출한 일상의 생활비 등으로 빚을 지게 된 경우는 공동책임으로 보아 부부가 연대책임을 진다. 그러나 일상 가사의 채무라도 이미 제3자에 대하여 다른 한 쪽이 책임지지 않겠다는 점을 명확히 한 경우 연대책임이 없다.

가족 간의 부양의무

가족은 배우자, 부모님, 자식, 배우자와 생계를 같이하는 친족에 대하여 생계를 도와주어야 하는 부양의무가 있다.

다시 말하면 자식과 부모님, 조부모님과 손자 손녀, 외조부모님과 외손자 외손녀, 시부모님과 며느리, 사위와 장인, 장모 등은 부양의무가 있다. 부양의무자가 여럿 있을 경우 부양의무가 있는 사람들이 합의를 하여 정하면 되고, 합의가 없을 경우에는 가정법원에 청구하여 법원이 결정한다. 부양의 방법으로는 함께 살 것인지, 아니면 생활비를 지급할 것인지는 합의하여 정하게 된다. 부양자가 정해졌으니 생활이 어렵게 된 경우 가정법원은 당사자의 청구로 부양에 관한 모든 합의나 판결을 취소하거나 내용을 변경할 수 있다.

친생부인의 소(자기의 자식이 아니라고 하는 경우)

혼인 중에 태어난 자식이라도 자신의 자식이 아니라고 생각되는 경우 친생부인의 소를 제기할 수 있다. 종전에는 남자에게만 친생부인의 소 제기가 가능했으나 개정 민법에서는 부부 모두가 친생부인의 소를 제기할 수 있도록 하였다. 즉, 혼인 중에 아내가 낳은 자식이 자신의 자식인 줄 알았지만 자라면서 모습이나 태도가 자신의 자식이 아니라고 확신하게 되었다면 친생자를 부인하는 소를 제기하여 법원으로부터 판결을 받아 호적을 정리할 수 있다.

인지 청구

부모가 아이를 자신의 아이로 출생신고를 하면 친생자가 된다. 그러나 아버지나 어머니가 출생신고를 하지 않을 때에는 자신을 자녀로 인정해 줄 것을 요구하는 소송을 가정법원에 제기할 수 있다. 이 소송을 제기할 당시 아버지 또는 어머니가 사망한 경우 사망 사실을 안 날로부터 2년 이내에 검사를 상대로 인지청구를 할 수 있다.

입양과 파양

양부모와 양자 사이에 입양을 한다는 합의가 있을 때 가족관계의 등록에 관한 법률에 따라 입양신고를 하면 된다. 양자가 15세 미만일 때에는 법정대리인의 동의를 얻어야 한다. 다만 후견인이 입양을 승낙할 경우에는 가정법원의 허가를 얻어야 한다.

입양은 양부모가 20세 이상이어야 하고, 혼인을 한 사람은 부부가 공동으로 입양을 해야 한다. 혼인을 한 사람이 양자가 되려고 하는 경우에는 배우자의 동의를 얻어야 한다. 양자는 양부모보다 나이가 많거나 촌수가 높아서는 안 된다. 양자는 원칙적으로 양부모의 친족들과 친족관계가 된다. 그러나 종전의 생부모와의 친족관계 역시 그대로 유지된다.

입양관계를 소멸시키는 것을 파양이라고 한다. 파양은 양부모와 양자의 합의로 가능하고, 가족관계등록법에 따라 파양신고를 하면 된다. 파양 합의가 되지 않을 때에는 법원에 청구하여 판결로 파양을 하게 된다.

친양자제도

민법을 새로 개정하면서(2008. 1. 1.) 친양자제도를 도입하였다. 친양자제도는 15세 미만의 양자를 입양하는 경우 가족관계등록부에 양부모의 친생자로 등록되어 친자와 동등한 법적권리를 행사하게 된다. 친양자는 법률상 3년 이상 혼인 중인 부부가 가정법원에 청구를 해 입양할 수 있다. 과거에는 재혼시 자신이 양육하는 아이와 재혼 배우자와의 관계가 문제가 되었다. 아이가 새 아버지와 성이 달라 어려움을 겪었으나 친양자제도는 새아버지의 성을 따를 수 있도록 해 성이 다르므로 인한 어려움이 없도록 했다.

자의성과 본의 변경제도(민법 제781조 제6항)

2005년 3월에 민법을 개정하면서 자의 복리를 위하여 자의성과 본을 변경하는 제도를 도입하였다. 부모 또는 자의 청구에 의해 가정법원의 허가를 얻어 성과 본을 변경할 수 있다. 이 제도는 주로 재혼가정에서 자라는 자녀들이 실제로 부의 역할을 하고 있는 새아버지와 성이 달라서 어려움을 겪고 있는 문제를 해결하기 위해 도입되었다. 또 이혼 후 모의 성으로 성과 본을 변경할 수도 있다. 인기탤런트였던 최모씨 이혼 후 아들의 성과 본을 자신의 성과 본으로 변경하였다. 그러나 여러 가지의 어려움을 극복하지 못하고 유명을 달리해 우리들에게 많은 충격을 주고 있다.

인지된 자가 성과 본을 계속 사용할 수 있다(민법 제781조 제5항)

혼인 외의 출생자가 친부에 의하여 인지된 경우, 인지된 자가 부모와 협의 또는 법원의 허가를 얻어 인지 전에 사용하던 성과 본을 계속 사용할 수 있다. 인지 전에 모의 성과 본을 사용하여 상당기간 동안 생활을 해온 경우 인지에 의하여 성과 본이 바뀌게 되면 여러 가지 어려움을 겪게 되므로 혼인 외의 출생자가 인지된 경우에 인지 전에 사용한 성을 계속 사용할 수 있도록 한 것이다. 민법개정으로 호주제도가 없어지면서 혈족관계가 많이 희석되었다고 볼 수 있다. 우리사회는 부계사회로 부의 성과 본을 따르도록 되어 있었다. 그러나 민법의 개정으로 부를 몰라 모의 성과 본을 따 출생신고를 해두었는데 훗날 부를 알 수가 있어 부가 인지를 한 경우, 종전에는 부의 성과 본으로 변경을 해야 했으나 그럴 필요 없이 종전대로 모의 성과 본을 사용할 수도 있다.

출생자의 작명과 출생신고

출생자의 이름은 '한글' 또는 '한글과 한자'로 지을 수 있으나 5자 이내로 지어야 출생신고가 가능하다. 한자이름인 경우 가족관계등록법 시행규칙이 규정한 인명용 한자를 사용하여야 한다. 만일 인명용 한자가 아닌 한자로 신고를 하면 그 한자를 가족관계등록부에 기재할 수가 없어 한글 이름만 기재하게 된다.

개명

너무나 많은 사람들이 살다 보니까, 동성동명인 사람과 같은 사무실에 근무를 하는 경우도 있고, 일가친척 중에 동명인 경우도 있다.

또 조부님이 지어주신 이름이 마음에 들지 않아 적잖은 스트레스를 받는 경우도 있다. 이름은 한 번 지으면 바꾸기가 참 어렵다. 개명을 하려는 사람이 학생이면 몰라도 사회생활을 하였다면 사회에 알려진 이름을 바꾸기란 더욱 어렵다. 이름을 자주 바꾸어 사회적 혼란을 막기 위해 개명허가를 법원에 주었다.

1990년대 전에는 개명이 참 어려웠는데 1990년대를 넘어서면서 자신의 이름을 찾는 것은 국민의 기본권에 해당된다는 취지에 따라 지금은 개명을 쉽게 허가해 주고 있다.

그러나 범죄를 저지른 후 이름을 바꾸려하거나 개명신청을 자주하는 사람에게는 허가를 억제하고 있다. 법원으로부터 개명허가를 받았다면 1개월 이내에 시·군·구·읍·면사무소에 신고를 하여야 개명이 된다.

재산 상속순위

1순위 : 직계비속(자녀, 손자, 증손자)

2순위 : 직계존속(부모, 조부모)

3순위 : 형제자매

4순위 : 사촌 이내 방계혈족(삼촌, 고모, 사촌형제)

상속순위 중 가장 높은 순위에 해당하는 사람이 있으면 다음 순위는 상속을 받을 수 없다.

동일 순위에서는 촌수가 더 가까운 쪽이 상속을 받는다.

배우자는 1순위, 2순위에 해당하는 직계비속, 직계존속이 있을 경우 함께 상속을 받고, 직계존비속이 없으면 혼자서 단독상속을 받는다.

상속분(법정상속비율)

1. 1960. 1. 1. ~ 1978. 12. 31.

동순위의 상속인이 수인인 때에는 그 상속분은 균분으로 하되, 재산 상속인이 동시에 호주 상속을 할 경우에는 그 고유의 상속분의 2분의 1이다(구민법 1009①). 그리고 동일 가적 내에 없는 여자의 상속분은 남자의 상속분의 4분의 1이며(구민법 1009②), 처의 상속분은 직계비속과 공동으로 상속하는 때에는 남자의 상속분의 2분의 1로 하고, 직계존속과 공동으로 상속하는 때에는 남자의 상속분과 균분으로 한다(구민법 1009③).

2. 1979. 1. 1. ~ 1990. 12. 31.

남녀의 차별을 줄이고 처의 지위를 향상시켰다. 즉, "여자의 상속분은 남자의 상속분의 2분의 1로 한다."는 규정을 삭제하고(구민법 1009①),

처의 상속분은 직계비속과 공동으로 상속하는 때에는 직계비속의 상속분의 5할을 가산하도록 한다(구민법 1009③). 다만 동일가적 내에 없는 여자의 상속분은 여전히 남자의 상속분의 4분의 1로 한다.

3. 1991. 1. 1 이후

남녀의 차등 규정은 모두 삭제하고, 부처 간의 차이를 없앴다. 즉, 동순위의 상속인이 수인인 때에는 그 상속분은 균분으로 하되(민법 1009①), 배우자의 상속분은 직계비속 또는 직계비속의 상속분의 5할을 가산하며(민법 1009②), 상속순위, 대습상속 및 상속분에 있어서 부처 간에 차이가 없다(민법 1003①, 1003②, 1009③).

원칙적으로 동일순위의 상속인은 똑같이 상속을 받는다. 단, 배우자는 다른 상속인보다 50%를 가산해 준다. 피상속인이 9억 원의 재산을 남기고 사망하였는데, 상속인이 배우자와 아들 한 명과 딸 둘이 있다면 법정상속비율은 배우자 1.5, 아들 1, 장녀 1, 차녀 1의 비율이 되므로 배우자 3억 원, 아들 2억 원, 장녀 2억 원, 차녀 2억 원으로 상속된다.

대습상속

대습상속이란 자식이 부모보다 일찍 사망한 경우 그 직계비속이나 배우자가 대신해서 상속을 받는 경우이다. 대물림상속이라고도 한다. 아버지가 할아버지보다 일찍 사망을 하셔서 아버지의 상속분을 엄마와 자녀들이 상속을 받는 것을 대습상속이라고 한다.

재산상속

우리 민법은 재산상속에 있어 제일 먼저 피상속인의 의사를 중시하고,

두 번째로 상속인들의 협의상속을, 세 번째로 법정상속을 인정하고 있다.

다시 말하면 망자(피상속인)가 유언을 하였다면 이 유언에 따라서 상속이 되고 망자의 유언이 없었다면 상속인들이 협의를 해서 나누게 된다. 그러나 망자의 유언이 없었고, 상속인들 간에 협의가 되지 않으면 상속법이 정한 대로 법정상속을 하게 된다.

유언상속

유언의 방식은 자필증서, 녹음, 공정증서, 비밀증서, 구술증서에 의한 다섯 가지의 방법이 있다. 이중 가중 많이 사용되는 방법이 자필증서에 의한 방법과 공증인사무실에서 작성하는 공정증서에 의한 방법이다. 어떤 방법이든 법원은 유언의 요식성을 갖출 것을 요구하고 있다. 유언은 생전에 언제든지 철회할 수 있고, 유언자가 유언을 여러 번 남겼을 경우에는 제일 마지막에 남긴 유언을 유효한 것으로 본다. 만 17세 이상이면 단독으로 유언을 할 수 있다.

자필증서에 의한 유언

유언자가 직접 글로 써서 유언을 남기방식이다. 자필증서에 의한 유언은 유언자가 유언의 내용과 작성일자, 주소, 성명을 직접 쓰고 도장까지 찍어야 완벽한 유언장이 된다. 이중에서 한 가지라도 빠지면 무효가 된다. 자필이 아닌 컴퓨터나 타자기로 작성한 서류에 기명날인을 하는 것은 법적으로 효력이 없다. 자필증서에 의한 유언에는 증인이 필요가 없다. 자필증서에 의한 유언을 집행하려면 반드시 가정법원의 검인 절차를 거쳐야한다.

녹음에 의한 유언

녹음기를 이용하는 방식. 유언자가 유언의 취지, 이름과 날짜를 말하고 이에 참여한 증인이 유언의 정확함과 그 성명을 구술하여야 한다.

공정증서에 의한 유언

유언자가 증인 2명과 함께 공증인 앞에서 유언의 취지를 말하고 공증인이 이를 정리하여 기록하는 방식. 유언자가 그 정확함을 승인한 후 각자 서명 또는 날인하여야 한다.

비밀증서에 의한 유언

유언이 있다는 사실을 알리되, 내용은 비밀로 할 때 쓰는 방식이다. 유언자가 필자의 성명을 기입한 증서를 봉인, 날인하고 이를 2인 이상 증인의 면전에 제출하여 자기의 유언서임을 표시한 후 그 봉서 표면에 날짜를 적고 유언자와 증인이 각각 서명 또는 기명날인하여야 한다. 유언봉서는 그 표면에 기재된 날부터 5일 내에 공증인에게 확정일자를 받아야 한다.

구술증서에 의한 유언

질병, 기타 급박한 사정이 있을 경우 증인이 유언자의 말을 받아 적는 방식이다. 유언자의 유언을 2명 이상의 증인이 보는 가운데 유언의 취지를 전하고, 이를 받아 적은 후 유언자와 증인이 그 정확함을 확인한 후 각자 서명 또는 날인하여야 한다.

유증과 사인증여

유언은 법률적으로 사망과 동시에 일정한 법률효과를 발생시키는 의사표시이다. 유증은 유언자가 유언을 통해 자기 재산의 일부 또는 전부를 다른 사람에게 주는 것을 말한다. 사인증여란 증여자가 생전에 특정인에게 증여계약을 맺지만, 그 효력은 증여자가 사망하여야 효력이 발생하는 것이다. 사인증여는 증여하는 사람과 증여받는 사람 사이에 계약이 이루어져야만 한다.

협의에 의한 재산상속

망자가 유언 없이 사망한 경우 상속인들이 모여서 재산을 나누어 가지는 방식이다. 집은 엄마, 촌의 임야와 농지는 장남, 상가는 차남, 자동차는 장녀 식으로 협의를 해 상속협의서를 작성하고 기명날인하면 된다.

법정상속

망자의 유언이 없고, 상속협의가 되지 않을 시 민법이 정한 상속지분에 따라 법정상속하게 되는데, 상속지분이 수차례 개정이 되어 여러 가지로 복잡하다.

유류분제도

망자가 유언으로 재산을 처분하는 결정을 하였지만 상속인들도 망자의 재산형성과정에 여러 가지로 협력을 한 경우가 많고, 남은 가족들의 생활도 중요하기 때문에 법에서도 일정부분의 상속을 받을 수 있도록 여지를 남겨두고 있는데, 이것을 유류분제도라고 한다. 유류분제도는 남은 가족을 위한 보호 장치로 유언에 일종의 제한을 가하는 것이라고 볼 수 있다. 망자의 배우자나 자식들의 경우 법정상속분의 50%에 대해서는 권리를 갖는다. 망자가 10억 원의 전 재산을 대학에 기부하는 유언을 남겼다면 절반인 5억 원에 대한 유류분을 청구할 수 있다. 망자가 자식 없이 사망하고 배우자만 있는 경우 상속인이 배우자와 부모가 되는데 부모도 법정상속분의 3분의 1에 해당하는 유류분을 청구할 권리가 있다.

유류분 청구는 상속이 개시되고 난 후 1년 이내에 청구하여야 한다. 만일 피상속인의 재산이 다른 상속인에게 증여된 것을 몰랐다면 안 날부터 1년 이내에 청구할 수 있다.

기여분제도

기여분제도란 상속인 가운데 피상속인(망자)을 부양했거나, 재산의 유지와 증가에 특별히 기여한 상속인에게 상속재산을 더 주는 제도이다. 상속재산에서 먼저 기여분을 공제한 후 나머지 재산으로 상속순위에 따라 상속을 하게 된다.

투병한 아버지를 수년간 간호한 자식, 부모의 사업을 적극적으로 도와 재산의 증식에 기여한 사람과 그렇지 않은 사람 사이에 차별을 두는 것이다. 그러나 단순히 아내가 남편을 간호하고 가족의 도리 정도로 한 행위는 기여로 보지 않고 있다. 기여분에 대하여 가족 간에 합의가 되지 않을 경우 가정법원에 심판을 청구할 수 있다.

상속포기와 단순승인과 한정승인

상속포기는 재산상속을 받는 것을 전부 포기하는 것을 말한다. 망자의 빚이 재산보다 많을 때에는 상속포기를 신청해야 한다. 상속의 포기는 상속 개시가 있음을 안 날로부터 3개월 내에 가정법원에 청구해야 한다. 상속인이 여러 명이 있는데 일부만 상속을 포기했다면 포기하지 않은 상속인들은 나머지 지분에 따라 상속을 받게 되고 부채도 상속이 되니 상속포기는 공동으로 하는 것이 옳다.

단순승인은 상속인들이 망자의 재산(채권·채무)을 전부 받아들이는 것을 말한다. 일반적으로 상속을 받았다고 이야기할 때 단순승인을 의미한다. 단순승인을 받기 위해서는 특별한 절차가 필요 없다. 망자의 재산을 처분하는 행위도 단순승인이 된다.

한정승인은 재산을 상속받되 받은 범위 내에서 채무도 책임을 지겠다는 것이다. 망자의 재산과 채무가 불분명한 때에 한정승인을 하면 상속인들로서는 망자의 채무가 많더라도 상속된 재산 정도에서 채무를 부담하게 된다.

한정승인은 상속 개시 있음을 안 날로부터 3개월 내에 가정법원에 청구를 하여야 한다. 단, 상속채무가 상속재산을 초과하는 사실을 중대한 과실 없이 알지 못한 경우에는 그 사실을 안 날로부터 3개월 이내에 청구할 수가 있는데 중대한 과실 없이 알지 못하였다는 것을 상속인이 입증을 해야 한다. 신청방법으로는 상속인들의 인감증명, 가족관계증명서, 상속재산목록을 첨부하여야 한다. 상속재산을 고의로 빠뜨렸다가 나중에 드러나면 단순승인으로 간주될 수 있으니 주의를 해야 한다.

증여

증여란 일반적으로 동산이나 부동산을 아무 대가없이 타인에게 주는 행위를 증여라고 한다. 증여의 법률적인 효력이 발생하려면 ① 적격의 증여자와 수증자, ② 확인 가능한 현물이나 기타의 이익, ③ 증여의 의사표시, ④ 인도, ⑤ 수증자의 승낙 등의 요건이 필요하다.

한국 민법상 증여는 당사자 일방(증여자)이 무상으로 재산을 상대방에게 준다는 의사를 표시하고, 상대방(수증자)이 이를 승낙함으로써 성립하는 계약이다(제554~562조).

증여계약이 성립되면 증여자는 약속한 재산을 수증자에게 주어야 할 채무가 발생하고, 수증자는 이에 대응하는 채권을 취득하게 되는데, 이 채권·채무 관계는 통상의 채권·채무 관계와 동일하다. 증여는 불요식계약이므로 증여의 성립에 특별한 방식은 불필요하나, 증여의 의사가 서면으로 표시되지 않은 경우에는 아직 이행하지 않은 부분에 한하여 각 당사자가 증여를 해제할 수 있다. 그리고 수증자가 증여자에 대하여 중대한 망은행위(예를 들면 증여자 또는 그 배우자나 직계혈족에 대한 범죄행위가 있을 때)를 하거나 또는 증여계약 후 증여자의 재산상태가 현저히 변경되고, 그 이행으로 생계에 중대한 영향을 미칠 경우 증여자는 미이행 부분에 한하여 해제할 수 있다.

부담부 증여

부부간 증여와 부모자식간 증여 또는 제3자에 대한 증여에 있어 어떤 부담을 지우는 조건으로 재산을 증여를 하는 경우가 있다. 이에 대한 궁금한 사항들을 알아보기로 한다.

1. 부담부 증여란

재산을 증여하면서 어떤 부담을 지우는 것을 부담부 증여라고 한다. 어떤 재산을 무상으로 받으면서 그 재산에 따른 부담을 함께 받거나, 어떤 재산을 무상으로 받는 대신 어떤 일을 해주겠다고 약속을 하는 것을 말한다. 즉, 전세를 놓은 아파트를 증여받으면서 그 아파트의 전세보증금을 증여받은 자가 떠안거나, 어떤 부동산을 증여받으면서 증여자가 사망할 때까지 간병을 맡기로 하는 경우를 부담부 증여라고 한다.

2. 부담부 증여계약 사례

(1) 아버지가 아들에게 3억 원짜리 아파트를 증여하였다. 그런데 그 아파트에 김아무개가 2억 원에 전세를 살고 있을 경우 실제 증여된 금액은 아파트 보증금 2억 원을 공제한 1억 원만 증여금액으로 봐 1억 원에 대한 증여세를 부담하게 되는데, 이 중 직계비속에게 증여할 경우 공제액 5,000만 원을 공제한 5,000만 원에 대해서만 증여세를 부담하면 된다.

(2) 어떤 노부부가 재산의 일부를 자식이나 다른 제3자에게 증여하면서 죽을 때까지 부양을 부담시키는 경우가 있다. 수증자는 증여계약에 따른 의무를 부담해야 한다.

3. 부담부 유증

유언으로 증여를 하면서 어떤 부담을 지우는 것을 말한다. 예를 들어 자신이 사망한 후 자녀가 다 성장할 때까지 재혼하지 않을 것을 조건으로 배우자에게 재산을 주겠다는 유언을 한 경우를 말한다. 유증대로 주어진 의무를 다하지 않을 경우 유증취소소송을 할 수 있다. 유증취소소송이 확정되면 본래의 상속분대로 상속된다.

4. 부담부 증여(유증)계약의 해제

부담부 증여계약을 한 경우 수증자가 그 의무를 다하지 않을 때 증여자는 증여계약을 취소할 수 있다. 즉, 전세보증금 2억 원이 있는 아파트를 증여받은 아들이 전세보증금을 갚지 않는다든지, 어떤 재산을 증여받으면서 죽을 때까지 부양하기로 하였는데 그 약속을 지키지 않을 경우 증여계약을 해제할 수 있다. 해제하면 증여계약은 없었던 것이 되어 증여재산은 원상태로 환원된다. 재혼을 하지 않을 것을 조건으로 재산을 주었는데 재혼을 한 경우 취소 대상이 된다.

5. 부담부 증여시 유의할 점

부담부 증여시 주의할 점은 배우자나 직계 존비속간의 부담부 증여는 원칙적으로 인정하지 않고 있다는 것이다. 다만 금융기관의 채무 등 증빙에 의해서 수증자가 채무액을 승계한 사실이 입증된 경우나 전세보증금을 증여자가 받은 사실이 입증될 경우에는 부담부 증여를 인정하고 있다. 부담부 증여시에는 여러 가지 조건들을 전문가와 상담해 부담부 증여로 인정받을 수 있는 경우에 해당하는지의 여부를 반드시 확인해야 한다.

6. 노후대비와 부담부 증여

부동산을 자식에게 증여하기로 하면서 매월 급여형태의 돈을 지급받는 방법이 있다. 이는 부모님의 부동산을 먼저 증여받고 매월 얼마의 돈을 부모님 통장으로 넣어드리는 방법과 돈은 매월 통장으로 넣어드리고 부동산은 유증의 형태로 증여하는 방법이 있다. 이는 매월 돈을 넣어드린 금융자료가 있을 경우 증여세도 감면 대상이 된다.

돌아가신 아버지의 재산이 얼마인지 알아보는 방법

금융감독원에서 운영하고 있는 금융민원센터(전화 : 국번 없이 1332, http://www.fcsc.kr)에서 상속인의 조회서비스를 이용하면 망자의 금융기관채권·채무관계를 알아볼 수 있다.

필요한 서류는 사망자의 사망사실이 기재된 가족관계증명서만 있으면 된다. 조회 대상 금융기관은 시중은행, 수협, 농협, 축협, 생명보험, 손해보험, 증권회사, 종합금융회사, 카드, 리스, 할부금융, 상호저축은행, 신용협동조합, 새마을금고, 산림조합, 우체국 등이다.

결혼축의금과 상가의 부의금은 누구의 몫인가?

결혼 축의금은 혼주인 부모님이 가지는 것이 맞고, 예외적으로 신랑, 신부에게 직접 건넨 돈은 신랑, 신부의 돈으로 보고 있고, 상가의 부의금은 상속지분에 따라 나누는 것이 맞다는 것이 법원의 일관된 입장이다.

사법보좌관이란?

재판에 있어 쟁송 절차가 아닌 비송 절차의 재판업무 처리권한이 부여된 자를 사법보좌관이라고 한다. 사법보좌관은 법원서기관 중에서 발탁을 하여 사법연수원에서 소정(6개월)의 연수과정을 거쳐 사법보좌관 소정의 시험에 합격을 한 후 대법원장에 의하여 임명된다.

현재 전국 법원에 사법보좌관 147명이 임명되어 있다. 사법보좌관의 업무와 자격 등에 관한 규정은 법원조직법에 규정되어 있고, 세부적인 사항에 대하여는 대법원 규칙으로 위임되어 있다. 우리나라의 사법보좌관제도와 유사한 제도를 가지고 있는 국가로는 일본의 간이재판소 판사, 미국

캘리포니아 주 법원의 사법관, 독일의 사법보좌관제도가 있다.

우리나라의 사법보좌관제도는 2005년 7월 1일부터 시행되고 있는데, 사법보좌관은 종전에 판사가 처리하던 업무 중 아래의 업무를 독립하여 처리하고 있다.

1. 부동산 임의경매 절차
2. 부동산 강제경매 절차
3. 독촉 절차(지급명령)
4. 소송비용액 확정 절차
5. 공시최고 절차
6. 집행문 부여 절차
7. 채무불이행자 명부 등재 절차
8. 재산조회 절차
9. 압류물 인도명령
10. 압류물 특별현금화명령
11. 채권의 압류 및 추심명령
12. 채권의 압류 및 전부명령
13. 유체동산 및 채권집행 절차에서의 배당
14. 유체동산·채권 등을 목적으로 하는 담보권 실행 절차
15. 유치권 등에 의한 경매 절차
16. 제소명령
17. 임차권등기명령

찾아보기